# Alice in Wonderland

## Alicia en el país de las maravillas

## [Bilingual Edition]

### English – Spanish

by Lewis Carroll

Translated by Möwenstein

**ISBN:** 979-8-89513-050-6

Original text: *Alice in Wonderland* (1865) by Lewis Carroll (1832-1898)

This bilingual edition—including translation, editorial revisions, formatting, and supplementary content—is produced and edited by Mowenstein Books LLC, with the original text faithfully reproduced from public-domain sources.

While every effort has been made to ensure accuracy, minor discrepancies may occur. Readers are encouraged to consult the original text for reference.

**Cover Art:** Inspired by *Hustling Sunlight* by Matthew Bakkom (www.hustlingsunlight.xyz)

Möwenstein Books™ is a trademark of and imprint published by Mowenstein Books LLC.

For permissions or inquiries:

**Website:** mowenstein.com
**Email:** copyright@mowenstein.com

Mowenstein Books LLC
DE, USA

# Contents

# CHAPTER I. Down the Rabbit-Hole

CAPÍTULO I. Por la madriguera del conejo

1.1 Alice was beginning to get very tired of sitting by her sister on the bank,

Alicia empezaba a estar muy cansada de estar sentada junto a su hermana en la orilla,

1.2 and of having nothing to do:

y de no tener nada que hacer:

1.3 once or twice she had peeped into the book her sister was reading, but it had no pictures or conversations in it, "and what is the use of a book," thought Alice "without pictures or conversations?"

una o dos veces se había asomado al libro que leía su hermana, pero no tenía dibujos ni conversaciones; "¿Y para qué sirve un libro - pensó Alicia - sin dibujos ni conversaciones?"

So she was considering in her own mind (as well as
she could, for the hot day made her feel very sleepy
and stupid), whether the pleasure of making a daisy-
chain would be worth the trouble of getting up and
picking the daisies, when suddenly a White Rabbit
with pink eyes ran close by her.

2.1

Así que estaba pensando (todo lo bien que podía, pues el
calor del día la hacía sentir muy somnolienta y estúpida) si
el placer de hacer una cadena de margaritas valdría la pena
de levantarse y recogerlas, cuando de repente un conejo
blanco de ojos rosados corrió cerca de ella.

There was nothing so very remarkable in that;

3.1

Aquello no era especialmente notable;

nor did Alice think it so very much out of the way to
hear the Rabbit say to itself,

3.2

y a Alicia no le pareció especialmente extravagante oír al
conejo decirse a sí mismo,

"Oh dear! Oh dear! I shall be late!"

3.3

"¡Oh, Dios! ¡Madre mía! ¡Voy a llegar tarde!"

(when she thought it over afterwards, it occurred to
her that she ought to have wondered at this, but at
the time it all seemed quite natural);

3.4

(cuando lo pensó más tarde, se le ocurrió que debería
haberse sorprendido, pero en aquel momento le pareció
bastante natural);

2

3.5 but when the Rabbit actually took a watch out of its waistcoat-pocket, and looked at it, and then hurried on, Alice started to her feet, for it flashed across her mind that she had never before seen a rabbit with either a waistcoat-pocket, or a watch to take out of it, and burning with curiosity, she ran across the field after it, and fortunately was just in time to see it pop down a large rabbit-hole under the hedge.

Pero cuando el conejo sacó un reloj del bolsillo del chaleco, lo miró y echó a correr, Alicia se sobresaltó, pues recordaba que nunca había visto un conejo con un bolsillo en el chaleco ni un reloj que sacar del bolsillo, y, muerta de curiosidad, corrió tras él por el campo y, por suerte, llegó justo a tiempo de verle saltar a una gran madriguera que había bajo el seto.

4.1 In another moment down went Alice after it,

En otro momento Alicia bajó tras él,

4.2 never once considering how in the world she was to get out again.

sin pensar ni una sola vez cómo iba a salir de nuevo.

5.1 The rabbit-hole went straight on like a tunnel for some way, and then dipped suddenly down, so suddenly that Alice had not a moment to think about stopping herself before she found herself falling down a very deep well.

La madriguera siguió recto como un túnel durante un trecho, y luego descendió de repente, tan de repente que Alicia no tuvo ni un momento para pensar en detenerse antes de encontrarse cayendo por un pozo muy profundo.

Either the well was very deep, or she fell very slowly, 6.1
for she had plenty of time as she went down to look
about her and to wonder what was going to happen
next.
O el pozo era muy profundo, o ella cayó muy despacio,
porque tuvo mucho tiempo mientras descendía para
mirar a su alrededor y preguntarse qué iba a ocurrir a
continuación.

First, she tried to look down and make out what she 6.2
was coming to, but it was too dark to see anything;
Primero trató de mirar hacia abajo para ver a dónde se
dirigía, pero estaba demasiado oscuro para ver nada;

then she looked at the sides of the well, and noticed 6.3
that they were filled with cupboards and book-
shelves;
luego miró a los lados del pozo y se dio cuenta de que
estaban llenos de armarios y estanterías;

here and there she saw maps and pictures hung upon 6.4
pegs.
aquí y allá vio mapas y cuadros colgados de ganchos.

She took down a jar from one of the shelves as she 6.5
passed;
Al pasar, cogió un tarro de una de las estanterías;

it was labelled "ORANGE MARMALADE", but to her 6.6
great disappointment it was empty:
llevaba la etiqueta "MARMALADA DE NARANJA," pero,
para su gran decepción, estaba vacío:

she did not like to drop the jar for fear of killing 6.7
somebody underneath,
no quería dejar caer el tarro por miedo a matar a alguien
debajo,

4

6.8 **so managed to put it into one of the cupboards as she fell past it.**
así que se las arregló para meterlo en uno de los armarios al caer junto a él.

7.1 **"Well!" thought Alice to herself,**
"¡Bueno!" pensó Alicia,

7.2 **"after such a fall as this,**
"después de una caída como ésta,

7.3 **I shall think nothing of tumbling down stairs!**
no se me ocurrirá nada de caerme por las escaleras!

7.4 **How brave they'll all think me at home!**
¡Qué valiente me creerán todos en casa!

7.5 **Why, I wouldn't say anything about it, even if I fell off the top of the house!"**
Yo no diría nada, aunque me cayera de lo alto de la casa!"

7.6 **(Which was very likely true.)**
(Lo cual era muy probable.)

8.1 **Down, down, down. Would the fall never come to an end?**
Abajo, abajo, abajo. ¿No acabaría nunca la caída?

8.2 **"I wonder how many miles I've fallen by this time?"**
"Me pregunto cuántos kilómetros habré caído a estas alturas,"

8.3 **she said aloud.**
dijo en voz alta.

"I must be getting somewhere near the centre of the earth.

8.4

"Debo de estar acercándome al centro de la Tierra.

Let me see: that would be four thousand miles down, I think — "

8.5

Veamos: serían cuatro mil millas de caída, creo — "

(for, you see, Alice had learnt several things of this sort in her lessons in the schoolroom, and though this was not a very good opportunity for showing off her knowledge, as there was no one to listen to her, still it was good practice to say it over)

8.6

(porque, como ves, Alicia había aprendido varias cosas de este tipo en sus lecciones en el aula, y aunque ésta no era una muy buena oportunidad para demostrar sus conocimientos, ya que no había nadie que la escuchara, aún así era una buena práctica repetirlo)

" — yes,

8.7

" — Sí,

that's about the right distance — but then I wonder what Latitude or Longitude I've got to?"

8.8

ésa es más o menos la distancia correcta — pero entonces me pregunto a qué Latitud o Longitud habré llegado?"

(Alice had no idea what Latitude was, or Longitude either, but thought they were nice grand words to say.)

8.9

(Alice no tenía ni idea de lo que era la Latitud, ni la Longitud tampoco, pero pensó que eran bonitas palabras grandilocuentes para decir.)

Presently she began again.

9.1

En seguida empezó de nuevo.

9.2 "I wonder if I shall fall right through the earth!

"¡Me pregunto si caeré a través de la tierra!

9.3 How funny it'll seem to come out among the people that walk with their heads downward!

¡Qué divertido parecerá salir entre la gente que camina con la cabeza gacha!

9.4 The Antipathies, I think — "

Los Antipáticos, creo — "

9.5 (she was rather glad there was no one listening, this time, as it didn't sound at all the right word)

(se alegró de que no hubiera nadie escuchando esta vez, pues no sonaba en absoluto la palabra adecuada)

9.6 " — but I shall have to ask them what the name of the country is,

" — Pero tendré que preguntarles cómo se llama el país,

9.7 you know. Please, Ma'am, is this New Zealand or Australia?"

ya sabe. Por favor, señora, ¿es Nueva Zelanda o Australia?"

9.8 (and she tried to curtsey as she spoke — fancy curtseying as you're falling through the air!

(e intentó hacer una reverencia mientras hablaba; ¡qué elegante hacer una reverencia mientras caes por los aires!

9.9 Do you think you could manage it?)

¿Crees que podrías hacerlo?)

9.10 "And what an ignorant little girl she'll think me for asking!

"¡Y qué niña más ignorante me tomará por preguntar!

**No, it'll never do to ask:**    9.11
No, nunca lo preguntaré:

**perhaps I shall see it written up somewhere."**    9.12
tal vez lo vea escrito en alguna parte."

**Down, down, down. There was nothing else to do,**    10.1
Abajo, abajo, abajo. No había nada más que hacer,

**so Alice soon began talking again.**    10.2
así que Alice pronto empezó a hablar de nuevo.

**"Dinah'll miss me very much to-night, I should think!"**    10.3
"Creo que Dinah me echará mucho de menos esta noche!"

**(Dinah was the cat.)**    10.4
(Dinah era la gata.)

**"I hope they'll remember her saucer of milk at tea-time.**    10.5
"Espero que se acuerden de su platito de leche a la
hora del té.

**Dinah my dear! I wish you were down here with me!**    10.6
¡Dinah, querida! ¡Ojalá estuvieras aquí abajo conmigo!

**There are no mice in the air, I'm afraid, but you might catch a bat, and that's very like a mouse, you know.**    10.7
Me temo que no hay ratones en el aire, pero podrías cazar
un murciélago, que es muy parecido a un ratón.

**But do cats eat bats, I wonder?"**    10.8
Pero me pregunto si los gatos comen murciélagos?"

10.9 And here Alice began to get rather sleepy, and went on saying to herself, in a dreamy sort of way,
Y Alice empezó a tener sueño y a repetirse a sí misma, en una especie de ensoñación,

10.10 "Do cats eat bats? Do cats eat bats?"
"¿Los gatos comen murciélagos? ¿Los gatos comen murciélagos?"

10.11 and sometimes, "Do bats eat cats?"
y, a veces, "¿Los murciélagos comen gatos?"

10.12 for, you see, as she couldn't answer either question, it didn't much matter which way she put it.
porque, como no podía responder a ninguna de las dos preguntas, no importaba mucho cómo lo dijera.

10.13 She felt that she was dozing off, and had just begun to dream that she was walking hand in hand with Dinah, and saying to her very earnestly,
Sintió que se estaba quedando dormida, y acababa de empezar a soñar que caminaba de la mano de Dinah, y le decía muy seriamente,

10.14 "Now, Dinah, tell me the truth:
"Ahora, Dinah, dime la verdad:

10.15 did you ever eat a bat?" when suddenly,
¿te has comido alguna vez un murciélago?" cuando de repente,

10.16 thump! thump!
¡pum! ¡pum!

10.17 down she came upon a heap of sticks and dry leaves,
cayó sobre un montón de palos y hojas secas,

**and the fall was over.**   10.18

y la caída había terminado.

**Alice was not a bit hurt, and she jumped up on to her**   11.1
**feet in a moment: she looked up, but it was all dark**
**overhead; before her was another long passage, and**
**the White Rabbit was still in sight, hurrying down it.**

Alicia no se sintió herida y se puso en pie de un salto; miró
hacia arriba, pero todo estaba oscuro; delante de ella había
otro largo pasadizo, y el Conejo Blanco seguía a la vista,
corriendo por él.

**There was not a moment to be lost: away went Alice**   11.2
**like the wind, and was just in time to hear it say, as it**
**turned a corner,**

No había un momento que perder: Alicia se alejó como el
viento, y llegó justo a tiempo de oírle decir, al doblar una
esquina,

**"Oh my ears and whiskers, how late it's getting!"**   11.3

"¡Oh, mis orejas y mis bigotes, qué tarde se hace!"

**She was close behind it when she turned the corner,**   11.4

Alicia lo seguía de cerca cuando dobló la esquina,

**but the Rabbit was no longer to be seen:**   11.5

pero el conejo ya no estaba a la vista:

**she found herself in a long, low hall, which was lit up**   11.6
**by a row of lamps hanging from the roof.**

se encontró en un vestíbulo largo y bajo, iluminado por una
hilera de lámparas que colgaban del techo.

**There were doors all round the hall,**   12.1

Había puertas por todo el vestíbulo,

12.2 **but they were all locked;**

pero todas estaban cerradas con llave;

12.3 **and when Alice had been all the way down one side and up the other, trying every door, she walked sadly down the middle, wondering how she was ever to get out again.**

y cuando Alicia hubo recorrido todo el vestíbulo de un lado a otro, probando todas las puertas, caminó tristemente por el centro, preguntándose cómo iba a salir de nuevo.

13.1 **Suddenly she came upon a little three-legged table,**

De pronto se topó con una mesita de tres patas,

13.2 **all made of solid glass;**

toda de vidrio macizo;

13.3 **there was nothing on it except a tiny golden key, and Alice's first thought was that it might belong to one of the doors of the hall;**

no había nada sobre ella, excepto una pequeña llave dorada, y lo primero que pensó Alicia fue que podría pertenecer a una de las puertas del vestíbulo;

13.4 **but, alas!**

pero, ¡ay!

13.5 **either the locks were too large, or the key was too small, but at any rate it would not open any of them.**

o las cerraduras eran demasiado grandes, o la llave era demasiado pequeña, pero en cualquier caso no abriría ninguna de ellas.

11

However, on the second time round, she came upon a low curtain she had not noticed before, and behind it was a little door about fifteen inches high: 13.6
Sin embargo, a la segunda vuelta, se topó con una cortina baja en la que no había reparado antes, y detrás de ella había una puertecita de unos quince centímetros de alto:

she tried the little golden key in the lock, 13.7
probó la llavecita dorada en la cerradura,

and to her great delight it fitted! 13.8
¡y para su gran alegría encajó!

Alice opened the door and found that it led into a small passage, 14.1
Alicia abrió la puerta y descubrió que daba a un pequeño pasadizo,

not much larger than a rat-hole: 14.2
no mucho más grande que una ratonera:

she knelt down and looked along the passage into the loveliest garden you ever saw. 14.3
se arrodilló y miró a lo largo del pasadizo hacia el jardín más hermoso que jamás se haya visto.

How she longed to get out of that dark hall, and wander about among those beds of bright flowers and those cool fountains, but she could not even get her head through the doorway; 14.4
Cuánto deseaba salir de aquel oscuro vestíbulo y pasear entre aquellos parterres de flores brillantes y aquellas frescas fuentes, pero ni siquiera podía meter la cabeza por la puerta;

14.5 "and even if my head would go through," thought
poor Alice, "it would be of very little use without my
shoulders.

"y aunque pasara la cabeza - pensó la pobre Alicia-, de poco
serviría sin los hombros.

14.6 Oh, how I wish I could shut up like a telescope!

Oh, ¡cómo me gustaría poder cerrarme como un telescopio!

14.7 I think I could, if I only knew how to begin."

Creo que podría, si supiera cómo empezar."

14.8 For, you see, so many out-of-the-way things had
happened lately, that Alice had begun to think that
very few things indeed were really impossible.

Porque, verás, últimamente habían ocurrido tantas cosas
fuera de lo común, que Alicia había empezado a pensar que
muy pocas cosas eran realmente imposibles.

15.1 There seemed to be no use in waiting by the little
door, so she went back to the table, half hoping she
might find another key on it, or at any rate a book of
rules for shutting people up like telescopes:

Parecía inútil esperar junto a la puertecita, así que volvió
a la mesa, con la esperanza de encontrar otra llave o, en
todo caso, un libro de reglas para encerrar a la gente como
telescopios:

15.2 this time she found a little bottle on it, ("which
certainly was not here before,"

esta vez encontró sobre ella una botellita ("que sin duda no
estaba aquí antes,"

15.3 said Alice,) and round the neck of the bottle was a
paper label, with the words

dijo Alicia), y alrededor del cuello de la botella había una
etiqueta de papel con las palabras

"DRINK ME," beautifully printed on it in large letters.

15.4

"BÉBAME," bellamente impresas en grandes letras.

It was all very well to say "Drink me,"

16.1

Estaba muy bien decir "bébeme,"

but the wise little Alice was not going to do that in a hurry.

16.2

pero la sabia Alicia no iba a hacer eso a toda prisa.

"No, I'll look first," she said, "and see whether it's marked 'poison' or not";

16.3

No, primero miraré," dijo, "y veré si pone "veneno" o no";

for she had read several nice little histories about children who had got burnt, and eaten up by wild beasts and other unpleasant things, all because they would not remember the simple rules their friends had taught them:

16.4

porque había leído varias historias bonitas sobre niños que se habían quemado, y habían sido devorados por bestias salvajes y otras cosas desagradables, todo porque no recordaban las sencillas reglas que sus amigos les habían enseñado:

such as,

16.5

Por ejemplo,

that a red-hot poker will burn you if you hold it too long;

16.6

que un atizador al rojo vivo te quema si lo sostienes demasiado tiempo;

and that if you cut your finger very deeply with a knife,

16.7

que si te cortas un dedo muy profundo con un cuchillo,

14

16.8   it usually bleeds; and she had never forgotten that,
> suele sangrar; y nunca había olvidado que,

16.9   if you drink much from a bottle marked "poison,"
> si bebes mucho de una botella marcada con la palabra "veneno,"

16.10   it is almost certain to disagree with you, sooner or later.
> es casi seguro que tarde o temprano te dará un disgusto.

17.1   However, this bottle was not marked "poison,"
> Sin embargo, esta botella no estaba marcada como "veneno,"

17.2   so Alice ventured to taste it, and finding it very nice, (it had, in fact, a sort of mixed flavour of cherry-tart, custard, pine-apple, roast turkey, toffee, and hot buttered toast,) she very soon finished it off.
> así que Alicia se aventuró a probarla, y al encontrarla muy agradable (tenía, de hecho, una especie de sabor mezclado de tarta de cereza, natillas, piña, pavo asado, toffee y tostadas calientes con mantequilla), no tardó en terminársela.

---

19.1   "What a curious feeling!" said Alice;
> "¡Qué sensación tan curiosa!" dijo Alicia;

19.2   "I must be shutting up like a telescope."
> "debo de estar cerrándome como un telescopio."

And so it was indeed: she was now only ten inches high,

20.1

Y así fue: ahora sólo medía diez pulgadas,

and her face brightened up at the thought that she was now the right size for going through the little door into that lovely garden.

20.2

y su rostro se iluminó al pensar que ya tenía el tamaño adecuado para atravesar la puertecita que daba a aquel hermoso jardín.

First, however, she waited for a few minutes to see if she was going to shrink any further:

20.3

Primero, sin embargo, esperó unos minutos para ver si iba a encogerse más:

she felt a little nervous about this;

20.4

se sentía un poco nerviosa por esto;

"for it might end, you know," said Alice to herself,

20.5

"porque podría terminar, sabes," se dijo Alicia,

"in my going out altogether, like a candle.

20.6

"en que me apagara del todo, como una vela.

I wonder what I should be like then?"

20.7

Me pregunto cómo seré entonces?"

And she tried to fancy what the flame of a candle is like after the candle is blown out,

20.8

Y trató de imaginarse cómo es la llama de una vela una vez apagada,

for she could not remember ever having seen such a thing.

20.9

pues no recordaba haberla visto nunca.

16

21.1 **After a while, finding that nothing more happened, she decided on going into the garden at once;**

Al cabo de un rato, al ver que no ocurría nada más, decidió salir inmediatamente al jardín;

21.2 **but, alas for poor Alice!**

pero, ¡ay de la pobre Alicia!

21.3 **when she got to the door, she found she had forgotten the little golden key, and when she went back to the table for it, she found she could not possibly reach it:**

cuando llegó a la puerta, se dio cuenta de que se había olvidado la llavecita de oro, y cuando volvió a la mesa a buscarla, se encontró con que le era imposible alcanzarla:

21.4 **she could see it quite plainly through the glass, and she tried her best to climb up one of the legs of the table, but it was too slippery;**

podía verla perfectamente a través del cristal, e hizo todo lo posible por trepar por una de las patas de la mesa, pero estaba demasiado resbaladiza;

21.5 **and when she had tired herself out with trying,**

y cuando se hubo cansado de intentarlo,

21.6 **the poor little thing sat down and cried.**

la pobrecita se sentó y se echó a llorar.

22.1 **"Come, there's no use in crying like that!"**

"¡Venga, no sirve de nada llorar así!"

22.2 **said Alice to herself, rather sharply;**

se dijo Alicia, bastante bruscamente;

22.3 **"I advise you to leave off this minute!"**

"¡Te aconsejo que lo dejes ahora mismo!"

She generally gave herself very good advice, (though    22.4
she very seldom followed it), and sometimes she
scolded herself so severely as to bring tears into her
eyes;

Por lo general se daba a sí misma muy buenos consejos
(aunque muy pocas veces los seguía), y a veces se reñía tan
severamente que se le saltaban las lágrimas;

and once she remembered trying to box her own ears    22.5
for having cheated herself in a game of croquet she
was playing against herself,

y una vez se acordó de haber intentado pegarse en las orejas
por haberse engañado en una partida de croquet que jugaba
contra sí misma,

for this curious child was very fond of pretending to    22.6
be two people.

pues a esta curiosa niña le gustaba mucho hacerse pasar por
dos personas.

"But it's no use now," thought poor Alice, "to pretend    22.7
to be two people!

"Pero ya no sirve de nada - pensaba la pobre Alicia - fingir
ser dos personas!

Why, there's hardly enough of me left to make one    22.8
respectable person!"

Apenas queda de mí una persona respetable!"

Soon her eye fell on a little glass box that was lying    23.1
under the table: she opened it, and found in it a very
small cake, on which the words "EAT ME" were
beautifully marked in currants.

Pronto su vista se fijó en una cajita de cristal que estaba
debajo de la mesa; la abrió y encontró en ella un pastel
muy pequeño, en el que estaban bellamente marcadas con
grosellas las palabras «CÓMEME».

23.2 "Well, I'll eat it," said Alice, "and if it makes me grow larger, I can reach the key;
«Bueno, me lo comeré», dijo Alicia, "y si me hace más grande, podré alcanzar la llave;

23.3 and if it makes me grow smaller,
y si me hace más pequeña,

23.4 I can creep under the door;
podré colarme por debajo de la puerta;

23.5 so either way I'll get into the garden,
así que de cualquier manera llegaré al jardín,

23.6 and I don't care which happens!"
¡y no me importa lo que suceda!"

24.1 She ate a little bit, and said anxiously to herself,
Comió un poco y se preguntó ansiosa,

24.2 "Which way? Which way?",
"¿Por dónde? ¿Qué camino?",

24.3 holding her hand on the top of her head to feel which way it was growing, and she was quite surprised to find that she remained the same size:
llevándose la mano a la cabeza para sentir hacia dónde crecía, y se sorprendió al comprobar que seguía teniendo el mismo tamaño:

to be sure, this generally happens when one eats cake, but Alice had got so much into the way of expecting nothing but out-of-the-way things to happen, that it seemed quite dull and stupid for life to go on in the common way.

24.4

sin duda, esto suele ocurrir cuando se come pastel, pero Alicia se había acostumbrado tanto a esperar que sólo ocurrieran cosas extravagantes, que le parecía bastante aburrido y estúpido que la vida siguiera su curso normal.

So she set to work, and very soon finished off the cake.

25.1

Así que se puso manos a la obra y no tardó en terminar la tarta.

# CHAPTER II. The Pool of Tears

CAPÍTULO II. El charco de lágrimas

1.1    "Curiouser and curiouser!"

"¡Curioso y más curioso!"

1.2    cried Alice (she was so much surprised,

gritó Alicia (estaba tan sorprendida,

1.3    that for the moment she quite forgot how to speak good English);

que por el momento se olvidó por completo de cómo hablar un buen inglés);

1.4    "now I'm opening out like the largest telescope that ever was!

"¡ahora me estoy abriendo como el telescopio más grande que jamás haya existido!

1.5    Good-bye, feet!"

Adiós, pies!"

(for when she looked down at her feet, they seemed to be almost out of sight, they were getting so far off).
1.6

(porque cuando bajó la vista hacia sus pies, éstos parecían casi perderse de vista, se estaban alejando tanto).

"Oh, my poor little feet, I wonder who will put on your shoes and stockings for you now, dears?
1.7

"Oh, mis pobres piececitos, me pregunto quién os pondrá ahora los zapatos y las medias, queridos?

I'm sure I shan't be able!
1.8

Estoy segura de que yo no podré!

I shall be a great deal too far off to trouble myself about you:
1.9

Estaré demasiado lejos para preocuparme por vosotros:

you must manage the best way you can;
1.10

Debéis arreglároslas lo mejor que podáis;

— but I must be kind to them," thought Alice,
1.11

pero debo ser amable con ellos," pensó Alicia,

"or perhaps they won't walk the way I want to go! Let me see:
1.12

"¡o quizá no caminen por donde yo quiero! A ver:

I'll give them a new pair of boots every Christmas."
1.13

Les regalaré un par de botas nuevas todas las Navidades."

And she went on planning to herself how she would manage it.
2.1

Y siguió planeando para sus adentros cómo lo haría.

"They must go by the carrier," she thought;
2.2

"Deben ir por el correo," pensó,

2.3 "and how funny it'll seem, sending presents to one's own feet!

"¡y qué gracioso parecerá enviar regalos a los pies de uno mismo!

2.4 And how odd the directions will look!

¡Y qué raras parecerán las indicaciones!

3.1 Alice's Right Foot, Esq.,

Alice's Right Foot, Esq.,

3.2 Hearthrug, near the Fender, (with Alice's love).

Hearthrug, cerca del Fender, (con el amor de Alice).

4.1 Oh dear, what nonsense I'm talking!"

Ay, qué tonterías digo!"

5.1 Just then her head struck against the roof of the hall:

En ese momento su cabeza chocó contra el techo del vestíbulo:

5.2 in fact she was now more than nine feet high,

de hecho ahora medía más de nueve pies de altura,

5.3 and she at once took up the little golden key and hurried off to the garden door.

y de inmediato tomó la pequeña llave dorada y se apresuró hacia la puerta del jardín.

6.1 Poor Alice!

¡Pobre Alicia!

It was as much as she could do, lying down on one side, to look through into the garden with one eye; 6.2

Era todo lo que podía hacer, tumbada de lado, para mirar a través del jardín con un solo ojo;

but to get through was more hopeless than ever: 6.3

pero pasar era más desesperado que nunca:

she sat down and began to cry again. 6.4

se sentó y empezó a llorar de nuevo.

"You ought to be ashamed of yourself," said Alice, 7.1

"¡Debería darte vergüenza," dijo Alicia,

"a great girl like you," (she might well say this), 7.2

"una gran muchacha como tú" (bien podía decir esto),

"to go on crying in this way! Stop this moment, I tell you!" 7.3

"seguir llorando de esta manera! Para ahora mismo, te digo!"

But she went on all the same, shedding gallons of tears, until there was a large pool all round her, about four inches deep and reaching half down the hall. 7.4

Pero ella siguió llorando, derramando litros de lágrimas, hasta que se formó un gran charco a su alrededor, de unos diez centímetros de profundidad y que llegaba hasta la mitad del vestíbulo.

After a time she heard a little pattering of feet in the distance, and she hastily dried her eyes to see what was coming. 8.1

Al cabo de un rato, oyó a lo lejos un pequeño repiqueteo de pies, y se secó apresuradamente los ojos para ver lo que se acercaba.

8.2 It was the White Rabbit returning, splendidly dressed, with a pair of white kid gloves in one hand and a large fan in the other: he came trotting along in a great hurry, muttering to himself as he came,

¡Era el Conejo Blanco que regresaba, espléndidamente vestido, con un par de guantes blancos de cabritilla en una mano y un gran abanico en la otra: venía trotando con gran prisa, murmurando para sí mientras llegaba,

8.3 "Oh! the Duchess,

"¡Oh! la Duquesa,

8.4 the Duchess! Oh! won't she be savage if I've kept her waiting!"

la Duquesa! No se pondrá furiosa si la he hecho esperar!"

8.5 Alice felt so desperate that she was ready to ask help of any one;

Alicia se sentía tan desesperada que estaba dispuesta a pedir ayuda a cualquiera;

8.6 so, when the Rabbit came near her, she began, in a low, timid voice,

de modo que, cuando el Conejo se acercó, empezó a decir en voz baja y tímida,

8.7 "If you please, sir — "

"Si es tan amable, señor — "

8.8 The Rabbit started violently, dropped the white kid gloves and the fan, and skurried away into the darkness as hard as he could go.

El Conejo se sobresaltó violentamente, dejó caer los guantes blancos y el abanico, y se alejó a toda prisa en la oscuridad.

Alice took up the fan and gloves, and, as the hall was very hot, she kept fanning herself all the time she went on talking:

9.1

Alicia cogió el abanico y los guantes y, como en la sala hacía mucho calor, no dejó de abanicarse mientras seguía hablando:

"Dear, dear! How queer everything is to-day!

9.2

"¡Querida, querida! ¡Qué raro está todo hoy!

And yesterday things went on just as usual.

9.3

Y ayer todo iba como siempre.

I wonder if I've been changed in the night? Let me think:

9.4

Me pregunto si habré cambiado durante la noche? Déjame pensar:

was I the same when I got up this morning?

9.5

¿era yo la misma cuando me levanté esta mañana?

I almost think I can remember feeling a little different.

9.6

Casi creo recordar que me sentía un poco diferente.

But if I'm not the same, the next question is, Who in the world am I?

9.7

Pero si no soy el mismo, la siguiente pregunta es: ¿Quién demonios soy?

Ah, that's the great puzzle!"

9.8

Ah, ése es el gran enigma!"

And she began thinking over all the children she knew that were of the same age as herself,

9.9

Y se puso a pensar en todos los niños que conocía de la misma edad que ella,

26

9.10 **to see if she could have been changed for any of them.**
para ver si podía haberse cambiado por alguno de ellos.

10.1 **"I'm sure I'm not Ada," she said,**
"Estoy segura de que no soy Ada," - dijo-,

10.2 **"for her hair goes in such long ringlets, and mine doesn't go in ringlets at all;**
"porque tiene el pelo en tirabuzones muy largos y yo no tengo ninguno;

10.3 **and I'm sure I can't be Mabel, for I know all sorts of things, and she, oh! she knows such a very little! Besides, she's she, and I'm I, and ...oh dear, how puzzling it all is! I'll try if I know all the things I used to know.**
y estoy segura de que no puedo ser Mabel, porque yo sé muchas cosas y ella, ¡oh, sabe tan poco! Además, ella es ella, y yo soy yo, y ...¡oh, querido, qué desconcertante es todo! Probaré si sé todas las cosas que sabía.

10.4 **Let me see:**
Veamos:

10.5 **four times five is twelve, and four times six is thirteen, and four times seven is — oh dear!**
cuatro por cinco son doce, y cuatro por seis son trece, y cuatro por siete son — ¡oh, cielos!

10.6 **I shall never get to twenty at that rate! However,**
A ese paso, ¡nunca llegaré a veinte! Sin embargo,

10.7 **the Multiplication Table doesn't signify:**
la Tabla de Multiplicar no significa nada:

10.8 **let's try Geography.**
probemos con la Geografía.

London is the capital of Paris, and Paris is the capital of Rome, and Rome — no, that's all wrong, I'm certain! 10.9

Londres es la capital de París, y París es la capital de Roma, y Roma — ¡no, eso está mal, estoy segura!

I must have been changed for Mabel! I'll try and say 10.10

¡Me habrán cambiado por Mabel! Intentaré decir

'How doth the little — "' 10.11

'¿Cómo está la pequeña — "'

and she crossed her hands on her lap as if she were saying lessons, and began to repeat it, but her voice sounded hoarse and strange, and the words did not come the same as they used to do: — 10.12

Y cruzó las manos sobre el regazo como si estuviera dando lecciones, y empezó a repetirlo, pero su voz sonaba ronca y extraña, y las palabras no le salían como solían: —

| | |
|---|---|
| "How doth the little crocodile | "How doth the little crocodile |
| Improve his shining tail, | Mejora su brillante cola, |
| And pour the waters of the Nile | Y vierte las aguas del Nilo |
| On every golden scale! | ¡En cada escala de oro! |
| "How cheerfully he seems to grin, | "Con qué alegría parece sonreír, |
| How neatly spread his claws, | Qué bien extendidas tiene las garras, |

And welcome little fishes in

Y dar la bienvenida a los pececillos en

With gently smiling jaws."

Con mandíbulas suavemente sonrientes."

12.1 "I'm sure those are not the right words," said poor Alice, and her eyes filled with tears again as she went on, "I must be Mabel after all, and I shall have to go and live in that poky little house, and have next to no toys to play with, and oh!

"Estoy segura de que ésas no son las palabras adecuadas - dijo la pobre Alicia, y sus ojos volvieron a llenarse de lágrimas mientras continuaba - Al fin y al cabo, debo ser Mabel, y tendré que ir a vivir a esa casita diminuta, y casi no tendré juguetes con que jugar, y ¡oh!

12.2 ever so many lessons to learn! No,

tantas lecciones que aprender! No,

12.3 I've made up my mind about it; if I'm Mabel,

ya lo he decidido; si soy Mabel,

12.4 I'll stay down here!

¡me quedaré aquí abajo!

12.5 It'll be no use their putting their heads down and saying

Será inútil que bajen la cabeza y me digan

12.6 'Come up again, dear!'

"¡Vuelve arriba, querida!'

12.7 I shall only look up and say 'Who am I then?

Sólo miraré hacia arriba y diré: "¿Quién soy entonces?

Tell me that first, and then, if I like being that person, I'll come up: if not, I'll stay down here till I'm somebody else' — but, oh dear!"

12.8

Dímelo primero, y luego, si me gusta ser esa persona, subiré; si no, me quedaré aquí abajo hasta que sea otra — pero, ¡oh, querida!"

cried Alice, with a sudden burst of tears,

12.9

gritó Alicia, con un repentino estallido de lágrimas,

"I do wish they would put their heads down!

12.10

"¡desearía que bajaran la cabeza!

I am so very tired of being all alone here!"

12.11

Estoy tan cansada de estar aquí sola!"

As she said this she looked down at her hands,

13.1

Al decir esto,

and was surprised to see that she had put on one of the Rabbit's little white kid gloves while she was talking.

13.2

se miró las manos y se sorprendió al ver que se había puesto uno de los guantes blancos del Conejo mientras hablaba.

"How can I have done that?" she thought.

13.3

"¿Cómo he podido hacerlo?" pensó.

"I must be growing small again."

13.4

"Debo de haberme hecho pequeña otra vez."

13.5 She got up and went to the table to measure herself by it, and found that, as nearly as she could guess, she was now about two feet high, and was going on shrinking rapidly: she soon found out that the cause of this was the fan she was holding, and she dropped it hastily, just in time to avoid shrinking away altogether.

Se levantó y se acercó a la mesa para medirse con ella, y descubrió que, según sus cálculos, medía ahora unos 60 centímetros, y que seguía encogiéndose rápidamente; Pronto descubrió que la causa de ello era el abanico que llevaba en la mano, y lo dejó caer precipitadamente, justo a tiempo para evitar encogerse del todo.

14.1 "That was a narrow escape!"

"Se salvó por los pelos,"

14.2 said Alice, a good deal frightened at the sudden change, but very glad to find herself still in existence;

dijo Alicia, bastante asustada por el repentino cambio, pero muy contenta de seguir existiendo;

14.3 "and now for the garden!"

"¡y ahora al jardín!"

14.4 and she ran with all speed back to the little door: but, alas!

y corrió a toda velocidad hacia la puertecita; pero, ¡ay!

14.5 the little door was shut again, and the little golden key was lying on the glass table as before,

la puertecita estaba cerrada de nuevo, y la llavecita de oro yacía sobre la mesita de cristal como antes;

14.6 "and things are worse than ever," thought the poor child,

"Y las cosas están peor que nunca," pensó la pobre niña,

"for I never was so small as this before, never!    14.7
"pues nunca antes había sido tan pequeña como ahora,
¡nunca!

And I declare it's too bad, that it is!"    14.8
Y declaro que es demasiado malo, ¡que lo es!"

As she said these words her foot slipped, and in    15.1
another moment, splash!
Al pronunciar estas palabras, su pie resbaló y, en un
momento, ¡splash!

she was up to her chin in salt water.    15.2
estaba sumergida en agua salada hasta la barbilla.

Her first idea was that she had somehow fallen into    15.3
the sea,
Su primera idea fue que de alguna manera había caído al
mar,

"and in that case I can go back by railway,"    15.4
"y en ese caso puedo volver por ferrocarril,"

she said to herself.    15.5
se dijo a sí misma.

15.6 (Alice had been to the seaside once in her life, and had come to the general conclusion, that wherever you go to on the English coast you find a number of bathing machines in the sea, some children digging in the sand with wooden spades, then a row of lodging houses, and behind them a railway station.)

(Alice había estado una vez en su vida a la orilla del mar, y había llegado a la conclusión general de que dondequiera que uno fuera en la costa inglesa encontraba una serie de máquinas de baño en el mar, algunos niños cavando en la arena con palas de madera, luego una hilera de casas de hospedaje, y detrás de ellas una estación de ferrocarril.)

15.7 However,

Sin embargo,

15.8 she soon made out that she was in the pool of tears which she had wept when she was nine feet high.

pronto se dio cuenta de que estaba en el charco de lágrimas que había llorado cuando tenía nueve pies de altura.

16.1 "I wish I hadn't cried so much!"

"Ojalá no hubiera llorado tanto,"

16.2 said Alice, as she swam about, trying to find her way out.

dijo Alicia, mientras nadaba tratando de encontrar la salida.

16.3 "I shall be punished for it now, I suppose, by being drowned in my own tears!

"Supongo que ahora me castigarán ahogándome en mis propias lágrimas!

16.4 That will be a queer thing, to be sure!

Eso sí que será raro!

However, everything is queer to- day."    16.5

Pero hoy todo es raro."

Just then she heard something splashing about in the    17.1
pool a little way off, and she swam nearer to make out
what it was:

En ese momento oyó chapotear algo en el estanque, a poca
distancia, y se acercó nadando para ver de qué se trataba:

at first she thought it must be a walrus or    17.2
hippopotamus, but then she remembered how small
she was now, and she soon made out that it was only a
mouse that had slipped in like herself.

al principio pensó que debía de ser una morsa o un
hipopótamo, pero luego recordó lo pequeña que era ahora,
y no tardó en darse cuenta de que no era más que un ratón
que se había colado como ella.

"Would it be of any use, now," thought Alice,    18.1

"¿Serviría de algo, ahora," pensó Alicia,

"to speak to this mouse?    18.2

"hablar con este ratón?

Everything is so out-of-the-way down here,    18.3

Todo está tan fuera de lugar aquí abajo,

that I should think very likely it can talk:    18.4

que creo que es muy probable que pueda hablar:

at any rate, there's no harm in trying." So she began:    18.5

en cualquier caso, no hay nada malo en intentarlo." Y
empezó:

"O Mouse, do you know the way out of this pool?    18.6

"Oh ratón, ¿sabes cómo salir de este estanque?

18.7   I am very tired of swimming about here, O Mouse!"

Estoy muy cansada de nadar por aquí, oh ratón!"

18.8   (Alice thought this must be the right way of speaking
to a mouse: she had never done such a thing before,
but she remembered having seen in her brother's
Latin Grammar,

(Alicia pensó que ésta debía ser la manera correcta de
hablarle a un ratón: nunca antes había hecho tal cosa,
pero recordaba haber visto en la Gramática Latina de su
hermano,

18.9   "A mouse — of a mouse — to a mouse — a mouse — O
mouse!

"Un ratón-de un ratón-a un ratón-¡O ratón!

18.10   ") The Mouse looked at her rather inquisitively, and
seemed to her to wink with one of its little eyes, but it
said nothing.

") El ratón la miró inquisitivamente y le pareció que le
guiñaba uno de sus ojitos, pero no dijo nada.

19.1   "Perhaps it doesn't understand English," thought
Alice;

"Tal vez no entienda el inglés," pensó Alicia;

19.2   "I daresay it's a French mouse,

"me atrevería a decir que es un ratón francés,

19.3   come over with William the Conqueror."

venido con Guillermo el Conquistador."

(For, with all her knowledge of history, Alice had no very clear notion how long ago anything had happened.)

19.4

(Porque, con todos sus conocimientos de historia, Alicia no tenía una noción muy clara de cuánto tiempo hacía que había sucedido algo.)

So she began again: "Où est ma chatte?"

19.5

Así que empezó de nuevo: "Où est ma chatte?"

which was the first sentence in her French lesson-book.

19.6

que era la primera frase de su libro de francés.

The Mouse gave a sudden leap out of the water, and seemed to quiver all over with fright.

19.7

El ratón dio un brusco salto fuera del agua y pareció estremecerse de miedo.

"Oh, I beg your pardon!" cried Alice hastily,

19.8

"¡Oh, te pido perdón!" gritó Alicia apresuradamente,

afraid that she had hurt the poor animal's feelings.

19.9

temiendo haber herido los sentimientos del pobre animal.

"I quite forgot you didn't like cats."

19.10

"Olvidé que no te gustaban los gatos."

"Not like cats!"

20.1

"¡No como los gatos!"

cried the Mouse, in a shrill, passionate voice.

20.2

gritó el Ratón, con voz chillona y apasionada.

"Would you like cats if you were me?"

20.3

"¿Te gustarían los gatos si fueras yo?"

21.1 "Well, perhaps not," said Alice in a soothing tone:

"Bueno, tal vez no," dijo Alice en tono tranquilizador:

21.2 "don't be angry about it.

"No te enfades por eso.

21.3 And yet I wish I could show you our cat Dinah:

Me gustaría enseñarte a nuestra gata Dinah:

21.4 I think you'd take a fancy to cats if you could only see her.

creo que te gustarían los gatos si pudieras verla.

21.5 She is such a dear quiet thing," Alice went on, half to herself, as she swam lazily about in the pool, "and she sits purring so nicely by the fire, licking her paws and washing her face — and she is such a nice soft thing to nurse — and she's such a capital one for catching mice — oh, I beg your pardon!"

Es una gatita tan tranquila - continuó Alicia, medio para sus adentros, mientras nadaba perezosamente en el estanque-, y se sienta a ronronear tan agradablemente junto al fuego, lamiéndose las patas y lavándose la cara; y es una cosita tan suave y agradable para dar de mamar; y es tan buena para cazar ratones ...¡Oh, te ruego que me perdones!"

21.6 cried Alice again, for this time the Mouse was bristling all over, and she felt certain it must be really offended.

volvió a gritar Alicia, pues esta vez el Ratón estaba erizado por todas partes, y estaba segura de que debía de sentirse realmente ofendido.

21.7 "We won't talk about her any more if you'd rather not."

"No hablaremos más de ella si prefieres que no lo hagamos."

"We indeed!" cried the Mouse,     22.1
"¡Claro que sí!" gritó el Ratón,

who was trembling down to the end of his tail.     22.2
que temblaba hasta la punta de la cola.

"As if I would talk on such a subject!     22.3
"¡Como si yo fuera a hablar de un tema así!

Our family always hated cats:     22.4
Nuestra familia siempre odió a los gatos:

nasty, low, vulgar things!     22.5
¡cosas repugnantes, bajas y vulgares!

Don't let me hear the name again!"     22.6
No me vuelvas a oír ese nombre!"

"I won't indeed!" said Alice,     23.1
"¡Claro que no!" dijo Alicia,

in a great hurry to change the subject of conversation.     23.2
con gran prisa por cambiar de tema de conversación.

"Are you — are you fond — of — of dogs?"     23.3
"¿Te gustan los perros?"

The Mouse did not answer, so Alice went on eagerly:     23.4
El Ratón no contestó, así que Alicia continuó con entusiasmo:

"There is such a nice little dog near our house I should like to show you!     23.5
"Hay un perrito muy bonito cerca de casa que me gustaría enseñarte!

23.6  A little bright-eyed terrier, you know, with oh, such long curly brown hair!

Un pequeño terrier de ojos brillantes, con un pelo castaño largo y rizado!

23.7  And it'll fetch things when you throw them, and it'll sit up and beg for its dinner, and all sorts of things — I can't remember half of them — and it belongs to a farmer, you know, and he says it's so useful, it's worth a hundred pounds!

Recoge las cosas que le tiras, se sienta y pide su cena, y todo tipo de cosas - no recuerdo ni la mitad-, y pertenece a un granjero, sabes, y dice que es tan útil que vale cien libras!

23.8  He says it kills all the rats and — oh dear!"

Dice que mata a todas las ratas y — ¡oh, cielos!"

23.9  cried Alice in a sorrowful tone,

exclamó Alicia en tono apenado,

23.10  "I'm afraid I've offended it again!"

"¡me temo que lo he ofendido otra vez!"

23.11  For the Mouse was swimming away from her as hard as it could go, and making quite a commotion in the pool as it went.

El ratón se alejaba de ella nadando con todas sus fuerzas y causando un gran alboroto en el estanque.

24.1  So she called softly after it, "Mouse dear!

Así que le gritó suavemente: "¡Ratoncito!

24.2  Do come back again, and we won't talk about cats or dogs either, if you don't like them!"

Vuelve otra vez, y tampoco hablaremos de gatos ni de perros, si no te gustan!"

When the Mouse heard this, it turned round and swam slowly back to her: its face was quite pale (with passion, Alice thought), and it said in a low trembling voice,

24.3

Al oír esto, el ratón se dio la vuelta y nadó lentamente hacia ella: tenía la cara muy pálida (de pasión, pensó Alicia), y dijo en voz baja y temblorosa:

"Let us get to the shore, and then I'll tell you my history, and you'll understand why it is I hate cats and dogs."

24.4

"Lleguemos a la orilla, y entonces te contaré mi historia, y entenderás por qué odio a los perros y a los gatos."

It was high time to go,

25.1

Ya era hora de irnos,

for the pool was getting quite crowded with the birds and animals that had fallen into it:

25.2

porque la piscina se estaba llenando de pájaros y animales que habían caído en ella:

there were a Duck and a Dodo, a Lory and an Eaglet, and several other curious creatures.

25.3

había un pato y un dodo, un loro y un aguilucho, y varias otras criaturas curiosas.

Alice led the way, and the whole party swam to the shore.

25.4

Alicia se puso a la cabeza y todo el grupo nadó hasta la orilla.

# CHAPTER III. A Caucus-Race and a Long Tale

CAPÍTULO III. Una Carrera de Caucus y un Largo Cuento

1.1 They were indeed a queer-looking party that assembled on the bank — the birds with draggled feathers, the animals with their fur clinging close to them, and all dripping wet, cross, and uncomfortable.

El grupo que se reunió en la orilla tenía un aspecto realmente extraño: los pájaros con las plumas arrancadas, los animales con el pelaje pegado a ellos y todos empapados, enfadados e incómodos.

2.1 The first question of course was, how to get dry again:

La primera cuestión fue, por supuesto, cómo secarse de nuevo:

they had a consultation about this, and after a few minutes it seemed quite natural to Alice to find herself talking familiarly with them, as if she had known them all her life.

2.2

tuvieron una consulta sobre esto, y después de unos minutos le pareció muy natural a Alicia encontrarse hablando familiarmente con ellos, como si los conociera de toda la vida.

Indeed, she had quite a long argument with the Lory, who at last turned sulky, and would only say,

2.3

De hecho, tuvo una larga discusión con el Lori, que al final se enfurruñó y se limitó a decir,

"I am older than you, and must know better;"

2.4

"Soy mayor que tú, y debo saberlo mejor;"

and this Alice would not allow without knowing how old it was, and, as the Lory positively refused to tell its age, there was no more to be said.

2.5

y esto Alicia no lo permitió sin saber cuántos años tenía, y como el Lori se negó rotundamente a decir su edad, no hubo más que decir.

At last the Mouse, who seemed to be a person of authority among them, called out,

3.1

Por fin el Ratón, que parecía ser una persona de autoridad entre ellos, gritó,

"Sit down, all of you, and listen to me!

3.2

"¡Sentaos todos y escuchadme!

I'll soon make you dry enough!"

3.3

Pronto os dejaré bien secos!"

3.4 They all sat down at once, in a large ring, with the Mouse in the middle.

Se sentaron todos a la vez, formando un gran círculo, con el Ratón en el centro.

3.5 Alice kept her eyes anxiously fixed on it,

Alicia lo miraba ansiosamente,

3.6 for she felt sure she would catch a bad cold if she did not get dry very soon.

pues estaba segura de que se resfriaría si no se secaba pronto.

4.1 "Ahem!" said the Mouse with an important air,

"¡Ejem!" dijo el Ratón con aire importante,

4.2 "are you all ready? This is the driest thing I know.

"¿están todos listos? Esto es lo más seco que conozco.

4.3 Silence all round, if you please!

Silencio todos, por favor!

4.4 'William the Conqueror, whose cause was favoured by the pope, was soon submitted to by the English, who wanted leaders, and had been of late much accustomed to usurpation and conquest.

Guillermo el Conquistador, cuya causa fue favorecida por el Papa, pronto fue sometido por los ingleses, que querían líderes y habían estado últimamente muy acostumbrados a la usurpación y la conquista.

4.5 Edwin and Morcar, the earls of Mercia and Northumbria — "'

Edwin y Morcar, los condes de Mercia y Northumbria — "'

"Ugh!" said the Lory, with a shiver.                    5.1

"¡Uf!" dijo el Lory, con un escalofrío.


"I beg your pardon!"                                    6.1

"¡Perdón!"


said the Mouse, frowning, but very politely:            6.2

dijo el Ratón, frunciendo el ceño, pero muy educadamente:


"Did you speak?"                                        6.3

"¿Ha hablado usted?"


"Not I!" said the Lory hastily.                         7.1

"¡Yo no!" se apresuró a decir el Lory.


"I thought you did," said the Mouse. " — I proceed.     8.1

"-Yo creía que sí - dijo el Ratón-. " — Sigo.


'Edwin and Morcar, the earls of Mercia and              8.2
Northumbria, declared for him:

'Edwin y Morcar, los condes de Mercia y Northumbria, se
declararon a su favor:


and even Stigand, the patriotic archbishop of           8.3
Canterbury, found it advisable — "'

e incluso Stigand, el patriota arzobispo de Canterbury,
consideró aconsejable — "'


"Found what?" said the Duck.                            9.1

"¿Encontrar qué?" dijo el Pato.


"Found it," the Mouse replied rather crossly:           10.1

"Lo encontré," contestó el Ratón bastante enfadado:

10.2 **"of course you know what 'it' means."**
"Claro que sabes lo que significa."

11.1 **"I know what 'it'**
"Sé muy bien lo que significa 'eso,'

11.2 **means well enough, when I find a thing," said the Duck:**
cuando encuentro una cosa," dijo el Pato:

11.3 **"it's generally a frog or a worm.**
"generalmente es una rana o un gusano.

11.4 **The question is, what did the archbishop find?"**
La pregunta es: ¿qué encontró el arzobispo?"

12.1 **The Mouse did not notice this question, but hurriedly went on,**
El Ratón no reparó en esta pregunta, sino que se apresuró a proseguir:

12.2 **" ' — found it advisable to go with Edgar Atheling to meet William and offer him the crown.**
" ' — Encontró aconsejable ir con Edgar Atheling al encuentro de Guillermo y ofrecerle la corona.

12.3 **William's conduct at first was moderate.**
La conducta de Guillermo al principio fue moderada.

12.4 **But the insolence of his Normans — ' How are you getting on now,**
Pero la insolencia de sus normandos — ¿Cómo te va ahora,

12.5 **my dear?" it continued, turning to Alice as it spoke.**
querida?" continuó, volviéndose hacia Alicia mientras hablaba.

"As wet as ever," said Alice in a melancholy tone: 13.1

"Tan mojada como siempre," dijo Alice en tono melancólico:

"it doesn't seem to dry me at all." 13.2

"parece que no me seca nada."

"In that case," said the Dodo solemnly, rising to its feet, 14.1

"En ese caso," dijo solemnemente el Dodo, poniéndose en pie,

"I move that the meeting adjourn, 14.2

"propongo que se levante la sesión,

for the immediate adoption of more energetic remedies — " 14.3

para la adopción inmediata de remedios más enérgicos — "

"Speak English!" said the Eaglet. 15.1

"¡Habla en inglés!" dijo el Aguilucho.

"I don't know the meaning of half those long words, and, what's more, I don't believe you do either!" 15.2

"¡No conozco el significado de la mitad de esas largas palabras y, lo que es más, no creo que tú tampoco!"

And the Eaglet bent down its head to hide a smile: 15.3

Y el Aguilucho agachó la cabeza para ocultar una sonrisa:

some of the other birds tittered audibly. 15.4

algunos de los otros pájaros se rieron a carcajadas.

"What I was going to say," said the Dodo in an offended tone, 16.1

"Lo que iba a decir," dijo el Dodo en tono ofendido,

16.2 "was, that the best thing to get us dry would be a Caucus- race."

"era que lo mejor para secarnos sería una carrera de Caucus."

17.1 "What is a Caucus-race?" said Alice;

"¿Qué es un Caucus-race?" dijo Alicia;

17.2 not that she wanted much to know, but the Dodo had paused as if it thought that somebody ought to speak, and no one else seemed inclined to say anything.

no es que tuviera muchas ganas de saberlo, pero el Dodo había hecho una pausa como si pensara que alguien debía hablar, y nadie más parecía inclinado a decir nada.

18.1 "Why," said the Dodo,

"Pues," dijo el Dodo,

18.2 "the best way to explain it is to do it."

"la mejor manera de explicarlo es hacerlo."

18.3 (And, as you might like to try the thing yourself, some winter day, I will tell you how the Dodo managed it.)

(Y, como tal vez quieras intentarlo tú mismo, algún día de invierno te contaré cómo lo consiguió el Dodo.)

19.1 First it marked out a race-course, in a sort of circle, ("the exact shape doesn't matter,"

En primer lugar, se trazaba una carrera en forma de círculo ("la forma exacta no importa,"

19.2 it said,) and then all the party were placed along the course, here and there.

se decía) y, a continuación, todos los participantes se colocaban a lo largo del recorrido, aquí y allá.

There was no "One, two, three, and away," 19.3

No había "uno, dos, tres, y fuera,"

but they began running when they liked, and left off 19.4
when they liked, so that it was not easy to know when
the race was over.

sino que empezaban a correr cuando querían y lo dejaban
cuando querían, de modo que no era fácil saber cuándo
había terminado la carrera.

However, when they had been running half an hour 19.5
or so, and were quite dry again, the Dodo suddenly
called out

Sin embargo, cuando llevaban más o menos media hora
corriendo y ya estaban secos, el Dodo gritó de repente

"The race is over!" 19.6

"¡La carrera ha terminado!"

and they all crowded round it, panting, and asking, 19.7

y todos se agolparon a su alrededor, jadeando y
preguntando,

"But who has won?" 19.8

"Pero, ¿quién ha ganado?"

This question the Dodo could not answer without a 20.1
great deal of thought, and it sat for a long time with
one finger pressed upon its forehead (the position in
which you usually see Shakespeare, in the pictures of
him), while the rest waited in silence.

El Dodo no pudo responder a esta pregunta sin pensárselo
mucho, y permaneció sentado largo rato con un dedo
presionado sobre la frente (la posición en que se suele ver a
Shakespeare, en los retratos que se hacen de él), mientras
los demás esperaban en silencio.

20.2 At last the Dodo said, "Everybody has won,
Por fin, el Dodo dijo, "Todos han ganado,

20.3 and all must have prizes."
y todos deben tener premio."

21.1 "But who is to give the prizes?"
"Pero, ¿quién va a dar los premios?"

21.2 quite a chorus of voices asked.
preguntó un coro de voces.

22.1 "Why, she, of course," said the Dodo,
"Ella, por supuesto," dijo el Dodo,

22.2 pointing to Alice with one finger;
señalando a Alicia con un dedo;

22.3 and the whole party at once crowded round her,
calling out in a confused way,
y todo el grupo se agolpó a su alrededor, gritando de forma
confusa,

22.4 "Prizes! Prizes!"
"¡Premios! Premios!"

23.1 Alice had no idea what to do, and in despair she
put her hand in her pocket, and pulled out a box of
comfits, (luckily the salt water had not got into it),
and handed them round as prizes.
Alice no sabía qué hacer y, desesperada, se metió la mano
en el bolsillo, sacó una caja de golosinas (por suerte, el
agua salada no había penetrado en ella) y las repartió como
premio.

There was exactly one a-piece, all round.     23.2
Había exactamente uno por pieza.

"But she must have a prize herself, you know," said     24.1
the Mouse.
"Pero ella misma debe tener un premio," dijo el Ratón.

"Of course," the Dodo replied very gravely.     25.1
"Por supuesto," respondió el Dodo muy serio.

"What else have you got in your pocket?" he went on,     25.2
"¿Qué más tienes en el bolsillo?" continuó,

turning to Alice.     25.3
volviéndose hacia Alicia.

"Only a thimble," said Alice sadly.     26.1
"Sólo un dedal," dijo Alice con tristeza.

"Hand it over here," said the Dodo.     27.1
"Dámelo," dijo el Dodo.

Then they all crowded round her once more, while     28.1
the Dodo solemnly presented the thimble, saying
Entonces todos se agolparon de nuevo a su alrededor,
mientras el Dodo presentaba solemnemente el dedal,
diciendo

"We beg your acceptance of this elegant thimble;"     28.2
"Os rogamos que aceptéis este elegante dedal;"

28.3 **and, when it had finished this short speech, they all cheered.**

y, cuando hubo terminado este breve discurso, todos vitorearon.

29.1 **Alice thought the whole thing very absurd,**

Alicia pensó que todo aquello era muy absurdo,

29.2 **but they all looked so grave that she did not dare to laugh;**

pero todos parecían tan serios que no se atrevió a reírse;

29.3 **and, as she could not think of anything to say, she simply bowed, and took the thimble, looking as solemn as she could.**

y, como no se le ocurría nada que decir, se limitó a inclinarse y a coger el dedal, con la mayor solemnidad que pudo.

30.1 **The next thing was to eat the comfits: this caused some noise and confusion, as the large birds complained that they could not taste theirs, and the small ones choked and had to be patted on the back.**

Lo siguiente fue comerse los comestibles, lo que causó cierto alboroto y confusión, pues los pájaros grandes se quejaban de que no podían saborear los suyos y los pequeños se atragantaban y había que darles palmaditas en la espalda.

30.2 **However, it was over at last, and they sat down again in a ring, and begged the Mouse to tell them something more.**

Sin embargo, al final todo terminó y, sentados de nuevo en corro, rogaron al Ratón que les dijera algo más.

"You promised to tell me your history, you know," said Alice,

"Prometiste contarme tu historia, sabes," dijo Alicia,

31.1

"and why it is you hate — C and D," she added in a whisper,

"y por qué es que odias a C y D," agregó en un susurro,

31.2

half afraid that it would be offended again.

medio temerosa de que se ofendiera de nuevo.

31.3

"Mine is a long and a sad tale."

"La mía es una larga y triste historia."

32.1

said the Mouse, turning to Alice, and sighing.

dijo el Ratón, volviéndose hacia Alicia y suspirando.

32.2

"It is a long tail, certainly," said Alice,

"Es una cola larga, ciertamente," dijo Alicia,

33.1

looking down with wonder at the Mouse's tail;

mirando con asombro la cola del Ratón;

33.2

"but why do you call it sad?"

"pero ¿por qué la llamas triste?"

33.3

And she kept on puzzling about it while the Mouse was speaking,

Y siguió dándole vueltas al asunto mientras el Ratón hablaba,

33.4

so that her idea of the tale was something like this:-

de modo que su idea del cuento fue más o menos la siguiente:-

33.5

34.1 "Fury said to a mouse, That he met in the house,
"Furia dijo a un ratón, Que encontró en la casa,

34.2 'Let us both go to law: I will prosecute you. — Come,
'Vayamos los dos a la ley: Yo te procesaré. Ven,

34.3 I'll take no denial; We must have a trial:
no me negaré; Debemos tener un juicio:

34.4 For really this morning I've nothing to do.'
pues esta mañana no tengo nada que hacer.'

34.5 Said the mouse to the cur,
Dijo el ratón al canalla:

34.6 'Such a trial, dear sir, With no jury or judge, would be wasting our breath.'
'Un juicio así, querido señor, sin jurado ni juez, sería perder el aliento.'

34.7 'I'll be judge, I'll be jury,'
'Yo seré el juez, yo seré el jurado,'

34.8 Said cunning old Fury: 'I'll try the whole cause,
Dijo el astuto viejo Furia: 'Yo juzgaré toda la causa,

34.9 and condemn you to death. "'
y te condenaré a muerte. "'

35.1 "You are not attending!" said the Mouse to Alice severely.
"¡No estás atendiendo!" le dijo el Ratón a Alicia severamente.

35.2 "What are you thinking of?"
"¿En qué estás pensando?"

"I beg your pardon," said Alice very humbly:    36.1
"Le ruego me disculpe," dijo Alice muy humildemente:

"you had got to the fifth bend, I think?"    36.2
"¿habías llegado a la quinta curva, creo?"

"I had not!" cried the Mouse,    37.1
"¡No lo había hecho!" gritó el Ratón,

sharply and very angrily.    37.2
bruscamente y muy enfadado.

"A knot!"    38.1
"¡Un nudo!"

said Alice, always ready to make herself useful, and    38.2
looking anxiously about her.
dijo Alicia, siempre dispuesta a ser útil, y mirando
ansiosamente a su alrededor.

"Oh, do let me help to undo it!"    38.3
"¡Oh, déjame ayudarte a deshacerlo!"

"I shall do nothing of the sort," said the Mouse,    39.1
"No haré nada de eso," dijo el Ratón,

getting up and walking away.    39.2
levantándose y alejándose.

"You insult me by talking such nonsense!"    39.3
"¡Me insultas diciendo semejantes tonterías!"

"I didn't mean it!" pleaded poor Alice.    40.1
"¡No era mi intención!" suplicó la pobre Alice.

40.2 "But you're so easily offended, you know!"
"¡Pero te ofendes tan fácilmente, sabes!"

41.1 The Mouse only growled in reply.
El Ratón sólo gruñó en respuesta.

42.1 "Please come back and finish your story!"
"Vuelve, por favor, y termina tu historia!"

42.2 Alice called after it; and the others all joined in chorus,
le gritó Alicia, y los demás se unieron a coro,

42.3 "Yes, please do!"
"¡Sí, por favor!"

42.4 but the Mouse only shook its head impatiently, and walked a little quicker.
pero el Ratón se limitó a mover la cabeza con impaciencia y a caminar un poco más deprisa.

43.1 "What a pity it wouldn't stay!" sighed the Lory,
"¡Qué lástima que no se quedara!" suspiró el Lori,

43.2 as soon as it was quite out of sight;
tan pronto como se perdió de vista;

43.3 and an old Crab took the opportunity of saying to her daughter
y un viejo Cangrejo aprovechó la oportunidad para decirle a su hija

43.4 "Ah, my dear!
"¡Ah, querida!

Let this be a lesson to you never to lose your temper!" 43.5
Que esto te sirva de lección para no perder nunca los estribos!"

"Hold your tongue, Ma!" said the young Crab, 43.6
"¡Cállate, mamá!" dijo el joven cangrejo,

a little snappishly. 43.7
un poco bruscamente.

"You're enough to try the patience of an oyster!" 43.8
"¡Eres como para poner a prueba la paciencia de una ostra!"

"I wish I had our Dinah here, I know I do!" 44.1
"¡Desearía tener a nuestra Dinah aquí, lo sé!"

said Alice aloud, addressing nobody in particular. 44.2
dijo Alice en voz alta, dirigiéndose a nadie en particular.

"She'd soon fetch it back!" 44.3
"¡Ella pronto lo recuperaría!"

"And who is Dinah, if I might venture to ask the question?" 45.1
"¿Y quién es Dinah, si me permite la pregunta?"

said the Lory. 45.2
dijo el Lory.

Alice replied eagerly, 46.1
Alice respondió con entusiasmo,

for she was always ready to talk about her pet: 46.2
pues siempre estaba dispuesta a hablar de su mascota:

46.3 "Dinah's our cat.

"Dinah es nuestra gata.

46.4 And she's such a capital one for catching mice you can't think!

Y es tan buena cazando ratones que ni te imaginas!

46.5 And oh, I wish you could see her after the birds!

Y ojalá pudieras verla persiguiendo a los pájaros!

46.6 Why, she'll eat a little bird as soon as look at it!"

Se come un pajarito en cuanto lo mira!"

47.1 This speech caused a remarkable sensation among the party.

Este discurso causó una notable sensación entre el grupo.

47.2 Some of the birds hurried off at once: one old Magpie began wrapping itself up very carefully, remarking,

Algunos pájaros se apresuraron a marcharse: una vieja urraca empezó a envolverse con mucho cuidado, comentando,

47.3 "I really must be getting home;

"Tengo que irme a casa;

47.4 the night-air doesn't suit my throat!"

el aire de la noche no me sienta bien a la garganta,"

47.5 and a Canary called out in a trembling voice to its children,

y un canario gritó con voz temblorosa a sus hijos:

47.6 "Come away, my dears! It's high time you were all in bed!"

"¡Venga, queridos! Ya es hora de que os vayáis a la cama!"

On various pretexts they all moved off, and Alice was soon left alone.

47.7

Con diversos pretextos, todos se marcharon, y Alicia no tardó en quedarse sola.

"I wish I hadn't mentioned Dinah!"

48.1

"¡Ojalá no hubiera mencionado a Dinah!"

she said to herself in a melancholy tone.

48.2

se dijo en tono melancólico.

"Nobody seems to like her, down here, and I'm sure she's the best cat in the world!

48.3

"¡A nadie parece gustarle, aquí abajo, y estoy segura de que es la mejor gata del mundo!

Oh, my dear Dinah!

48.4

¡Oh, mi querida Dinah!

I wonder if I shall ever see you any more!"

48.5

Me pregunto si volveré a verte alguna vez!"

And here poor Alice began to cry again,

48.6

Y aquí la pobre Alice empezó a llorar de nuevo,

for she felt very lonely and low-spirited.

48.7

pues se sentía muy sola y desanimada.

In a little while, however, she again heard a little pattering of footsteps in the distance, and she looked up eagerly, half hoping that the Mouse had changed his mind, and was coming back to finish his story.

48.8

Al cabo de un rato, sin embargo, oyó de nuevo un ruido de pasos en la lejanía, y levantó los ojos ansiosamente, con la esperanza de que el Ratón hubiera cambiado de idea y volviera para terminar su historia.

# CHAPTER IV. The Rabbit Sends in a Little Bill

CAPÍTULO IV. El conejo envía un billetito

1.1 It was the White Rabbit, trotting slowly back again, and looking anxiously about as it went, as if it had lost something;

Era el Conejo Blanco, que volvía trotando despacio y mirando ansiosamente a su alrededor, como si hubiera perdido algo;

1.2 and she heard it muttering to itself "The Duchess! The Duchess!

y ella le oyó murmurar para sí "¡La Duquesa! ¡La Duquesa!

1.3 Oh my dear paws! Oh my fur and whiskers!

¡Oh, mis queridas patas! ¡Oh, mi pelo y mis bigotes!

1.4 She'll get me executed,

Hará que me ejecuten,

1.5 as sure as ferrets are ferrets!

tan seguro como que los hurones son hurones!

1.6 Where can I have dropped them, I wonder?"

¿Dónde se me habrán caído, me pregunto?"

Alice guessed in a moment that it was looking for the fan and the pair of white kid gloves, and she very good-naturedly began hunting about for them, but they were nowhere to be seen — everything seemed to have changed since her swim in the pool, and the great hall, with the glass table and the little door, had vanished completely. 1.7

Alicia adivinó en un instante que buscaba el abanico y el par de guantes blancos de seda, y se puso a buscarlos de muy buen humor, pero no aparecían por ninguna parte; todo parecía haber cambiado desde su baño en la piscina, y el gran salón, con la mesa de cristal y la puertecita, había desaparecido por completo.

Very soon the Rabbit noticed Alice, as she went hunting about, and called out to her in an angry tone, 2.1

Muy pronto el Conejo se fijó en Alicia, que andaba cazando por ahí, y la llamó con tono airado,

"Why, Mary Ann, what are you doing out here? 2.2

"Pero, Mary Ann, ¿qué haces aquí fuera?

Run home this moment, and fetch me a pair of gloves and a fan! 2.3

Corre a casa ahora mismo y tráeme un par de guantes y un abanico!

Quick, now!" 2.4

Rápido, ahora!"

And Alice was so much frightened that she ran off at once in the direction it pointed to, 2.5

Y Alicia se asustó tanto que salió corriendo de inmediato en la dirección que le señalaba,

2.6 without trying to explain the mistake it had made.

sin tratar de explicarle el error que había cometido.

3.1 "He took me for his housemaid," she said to herself as she ran.

"Me tomó por su criada," se dijo mientras corría.

3.2 "How surprised he'll be when he finds out who I am!

"¡Qué sorpresa se va a llevar cuando sepa quién soy!

3.3 But I'd better take him his fan and gloves — that is,

Pero será mejor que le lleve su abanico y sus guantes,

3.4 if I can find them."

si es que los encuentro."

3.5 As she said this, she came upon a neat little house, on the door of which was a bright brass plate with the name

Al decir esto, se encontró con una casita pulcra, en cuya puerta había una placa de latón brillante con el nombre

3.6 "W. RABBIT," engraved upon it.

"W. RABBIT" grabado.

3.7 She went in without knocking, and hurried upstairs, in great fear lest she should meet the real Mary Ann, and be turned out of the house before she had found the fan and gloves.

Entró sin llamar y se apresuró a subir las escaleras, con gran temor de encontrarse con la verdadera Mary Ann y ser echada de la casa antes de haber encontrado el abanico y los guantes.

4.1 "How queer it seems," Alice said to herself,

"¡Qué extraño parece," se dijo Alicia,

"to be going messages for a rabbit!                          4.2
"estar enviando mensajes por un conejo!

I suppose Dinah'll be sending me on messages next!"          4.3
Supongo que Dinah será la próxima en enviarme
mensajes!"

And she began fancying the sort of thing that would          4.4
happen:
Y empezó a imaginar el tipo de cosas que sucederían:

"'Miss Alice! Come here directly,                            4.5
"'¡Señorita Alice! Venga aquí directamente,

and get ready for your walk!'                                4.6
y prepárese para su paseo!'

'Coming in a minute, nurse!                                  4.7
'¡Voy en un minuto, enfermera!

But I've got to see that the mouse doesn't get out.'         4.8
Pero tengo que ver que el ratón no salga.'

Only I don't think," Alice went on,                          4.9
Sólo que no creo," continuó Alice,

"that they'd let Dinah stop in the house if it began         4.10
ordering people about like that!"
"¡que dejaran a Dinah parar en la casa si empezaba a dar
órdenes a la gente de esa manera!"

By this time she had found her way into a tidy little        5.1
room with a table in the window,
Para entonces había encontrado una pequeña y ordenada
habitación con una mesa en la ventana,

5.2 and on it (as she had hoped) a fan and two or three pairs of tiny white kid gloves:

y sobre ella (como había esperado) un abanico y dos o tres pares de pequeños guantes blancos de seda:

5.3 she took up the fan and a pair of the gloves, and was just going to leave the room, when her eye fell upon a little bottle that stood near the looking-glass.

cogió el abanico y un par de guantes, y estaba a punto de salir de la habitación, cuando sus ojos se fijaron en una pequeña botella que estaba cerca del espejo.

5.4 There was no label this time with the words "DRINK ME,"

Esta vez no había etiqueta con las palabras "BÉBAME,"

5.5 but nevertheless she uncorked it and put it to her lips.

pero aun así la descorchó y se la llevó a los labios.

5.6 "I know something interesting is sure to happen,"

"Sé que va a ocurrir algo interesante,"

5.7 she said to herself, "whenever I eat or drink anything;

se dijo, "siempre que como o bebo algo;

5.8 so I'll just see what this bottle does.

así que voy a ver qué hace esta botella.

5.9 I do hope it'll make me grow large again,

Espero que me haga crecer de nuevo,

5.10 for really I'm quite tired of being such a tiny little thing!"

porque ya estoy harta de ser una cosita tan pequeñita!"

It did so indeed, and much sooner than she had expected: before she had drunk half the bottle, she found her head pressing against the ceiling, and had to stoop to save her neck from being broken.

6.1

Antes de que hubiera bebido la mitad de la botella, se encontró con la cabeza apoyada en el techo y tuvo que agacharse para no romperse el cuello.

She hastily put down the bottle, saying to herself

6.2

Se apresuró a dejar la botella, diciéndose a sí misma:

"That's quite enough — I hope I shan't grow any more — As it is,

6.3

"Ya es suficiente; espero no beber más; tal como están las cosas,

I can't get out at the door — I do wish I hadn't drunk quite so much!"

6.4

no puedo salir por la puerta; ojalá no hubiera bebido tanto!"

Alas! it was too late to wish that! She went on growing, and growing, and very soon had to kneel down on the floor:

7.1

Era demasiado tarde para desearlo! Siguió creciendo, y creciendo, y muy pronto tuvo que arrodillarse en el suelo:

in another minute there was not even room for this, and she tried the effect of lying down with one elbow against the door, and the other arm curled round her head.

7.2

en un minuto ni siquiera había sitio para ello, y probó el efecto de tumbarse con un codo contra la puerta y el otro brazo enroscado alrededor de la cabeza.

7.3 Still she went on growing, and, as a last resource, she put one arm out of the window, and one foot up the chimney, and said to herself

Siguió creciendo y, como último recurso, sacó un brazo por la ventana y un pie por la chimenea, y se dijo

7.4 "Now I can do no more, whatever happens.

"Ahora ya no puedo hacer nada más, pase lo que pase.

7.5 What will become of me?"

¿Qué será de mí?"

8.1 Luckily for Alice, the little magic bottle had now had its full effect, and she grew no larger: still it was very uncomfortable, and, as there seemed to be no sort of chance of her ever getting out of the room again, no wonder she felt unhappy.

Por suerte para Alicia, la botellita mágica ya había surtido todo su efecto y no había aumentado de tamaño; aun así, era muy incómodo y, como no parecía haber ninguna posibilidad de que volviera a salir de la habitación, no era de extrañar que se sintiera desgraciada.

9.1 "It was much pleasanter at home," thought poor Alice,

"Era mucho más agradable estar en casa," pensó la pobre Alicia,

9.2 "when one wasn't always growing larger and smaller, and being ordered about by mice and rabbits.

"cuando uno no estaba siempre creciendo y empequeñeciéndose y recibiendo órdenes de ratones y conejos.

I almost wish I hadn't gone down that rabbit-hole — and yet — and yet — it's rather curious, you know, this sort of life!

9.3

Casi desearía no haber bajado por aquella madriguera ...y sin embargo ...y sin embargo ...¡es bastante curiosa esta clase de vida!

I do wonder what can have happened to me!

9.4

Me pregunto qué habrá sido de mí!

When I used to read fairy-tales, I fancied that kind of thing never happened, and now here I am in the middle of one!

9.5

Cuando solía leer cuentos de hadas, creía que esas cosas nunca ocurrían, ¡y ahora estoy en medio de uno!

There ought to be a book written about me, that there ought!

9.6

Debería escribirse un libro sobre mí, ¡eso debería!

And when I grow up, I'll write one — but I'm grown up now," she added in a sorrowful tone; "at least there's no room to grow up any more here."

9.7

Y cuando crezca, escribiré uno; pero ya soy mayor - añadió en tono apenado-; al menos aquí ya no hay sitio para crecer."

"But then," thought Alice,

10.1

"Pero entonces," pensó Alicia,

"shall I never get any older than I am now?

10.2

"¿nunca seré más vieja de lo que soy ahora?

That'll be a comfort, one way — never to be an old woman — but then — always to have lessons to learn!

10.3

Eso será un consuelo, por un lado, no ser nunca una anciana, pero luego, ¡siempre tendré lecciones que aprender!

10.4 Oh, I shouldn't like that!"

Eso no me gustaría!"

11.1 "Oh, you foolish Alice!" she answered herself.

"¡Oh, tonta Alicia!" se respondió a sí misma.

11.2 "How can you learn lessons in here?

"¿Cómo puedes aprender lecciones aquí?

11.3 Why, there's hardly room for you, and no room at all for any lesson- books!"

Apenas hay sitio para ti, y no hay sitio para ningún libro de lecciones!"

12.1 And so she went on, taking first one side and then the other, and making quite a conversation of it altogether;

Y así siguió, yendo primero por un lado y luego por el otro, y manteniendo una conversación bastante entretenida;

12.2 but after a few minutes she heard a voice outside, and stopped to listen.

pero al cabo de unos minutos oyó una voz fuera y se detuvo a escuchar.

13.1 "Mary Ann! Mary Ann!" said the voice.

"¡Mary Ann! Mary Ann!" dijo la voz.

13.2 "Fetch me my gloves this moment!"

"¡Tráeme mis guantes ahora mismo!"

13.3 Then came a little pattering of feet on the stairs.

Luego se oyó un pequeño repiqueteo de pies en la escalera.

Alice knew it was the Rabbit coming to look for her, and she trembled till she shook the house, quite forgetting that she was now about a thousand times as large as the Rabbit, and had no reason to be afraid of it. 13.4

Alicia supo que era el Conejo que venía a buscarla, y tembló hasta hacer temblar la casa, olvidando por completo que ahora era mil veces más grande que el Conejo y que no tenía por qué temerle.

Presently the Rabbit came up to the door, and tried to open it; 14.1

En seguida el conejo se acercó a la puerta y trató de abrirla;

but, as the door opened inwards, and Alice's elbow was pressed hard against it, that attempt proved a failure. 14.2

pero como la puerta se abría hacia adentro y el codo de Alicia estaba fuertemente apretado contra ella, aquel intento resultó un fracaso.

Alice heard it say to itself 14.3

Alicia oyó que se decía

"Then I'll go round and get in at the window." 14.4

"Entonces daré la vuelta y entraré por la ventana."

"That you won't." 15.1

"No lo harás."

thought Alice, and, after waiting till she fancied she heard the Rabbit just under the window, she suddenly spread out her hand, and made a snatch in the air. 15.2

pensó Alicia, y, después de esperar hasta que le pareció oír al conejo debajo de la ventana, extendió de pronto la mano y levantó el vuelo.

15.3 She did not get hold of anything, but she heard a little shriek and a fall, and a crash of broken glass, from which she concluded that it was just possible it had fallen into a cucumber-frame, or something of the sort.

No agarró nada, pero oyó un gritito, una caída y un ruido de cristales rotos, por lo que dedujo que era muy posible que hubiera caído en un marco de pepinos o algo por el estilo.

16.1 Next came an angry voice — the Rabbit's — "Pat! Pat!

Luego llegó una voz furiosa, la del conejo: "¡Pat! ¡Pat!

16.2 Where are you?" And then a voice she had never heard before,

¿Dónde estás?" Y luego una voz que nunca antes había oído:

16.3 "Sure then I'm here! Digging for apples, yer honour!"

"¡Claro que estoy aquí! Buscando manzanas, su señoría!"

17.1 "Digging for apples, indeed!" said the Rabbit angrily.

"¡Excavando en busca de manzanas!" dijo el Conejo enfadado.

17.2 "Here! Come and help me out of this!"

"¡Toma! Ven y ayúdame a salir de esto!"

17.3 (Sounds of more broken glass.)

(Sonidos de más cristales rotos.)

18.1 "Now tell me, Pat, what's that in the window?"

"Ahora dime, Pat, ¿qué es eso en la ventana?"

19.1 "Sure, it's an arm, yer honour!" (He pronounced it "arrum. ")

"¡Claro, es un brazo, su señoría!" (Lo pronunció "arrum. ")

"An arm, you goose! Who ever saw one that size? Why,    20.1
"¡Un brazo, ganso! ¿Quién ha visto uno de ese tamaño? ¡Vaya,

it fills the whole window!"    20.2
llena toda la ventana!"

"Sure, it does, yer honour: but it's an arm for all that."    21.1
"Claro que sí, señoría: pero para eso es un brazo."

"Well, it's got no business there, at any rate:    22.1
"Bueno, en todo caso no tiene nada que hacer ahí:

go and take it away!"    22.2
¡ve y llévatelo!"

There was a long silence after this, and Alice could only hear whispers now and then; such as,    23.1
Hubo después un largo silencio, y Alicia sólo oía murmullos de vez en cuando, como:

"Sure, I don't like it, yer honour, at all, at all!"    23.2
"¡Claro que no me gusta, señoría, en absoluto, en absoluto!"

"Do as I tell you, you coward!"    23.3
"¡Haz lo que te digo, cobarde!"

and at last she spread out her hand again, and made another snatch in the air.    23.4
y al fin volvió a extender la mano y dio otro tirón al aire.

23.5 This time there were two little shrieks, and more sounds of broken glass.

Esta vez se oyeron dos grititos y más ruidos de cristales rotos.

23.6 "What a number of cucumber-frames there must be!"

"¡Cuántos marcos de pepinos debe de haber!"

23.7 thought Alice. "I wonder what they'll do next!

pensó Alicia. "¡Me pregunto qué harán ahora!

23.8 As for pulling me out of the window, I only wish they could!

En cuanto a sacarme por la ventana, ¡ojalá pudieran!

23.9 I'm sure I don't want to stay in here any longer!"

Estoy segura de que no quiero quedarme aquí más tiempo!"

24.1 She waited for some time without hearing anything more: at last came a rumbling of little cartwheels, and the sound of a good many voices all talking together: she made out the words:

Esperó un rato sin oír nada más; por fin se oyó un ruido de pequeñas volteretas y el sonido de muchas voces que hablaban entre sí:

24.2 "Where's the other ladder?

"¿Dónde está la otra escalera?

24.3 — Why, I hadn't to bring but one;

— Pues no tenía que traer más que una;

24.4 Bill's got the other — Bill! fetch it here, lad!

Bill tiene la otra — ¡Bill! tráela aquí, muchacho!

— Here, put 'em up at this corner — No, tie 'em together first — they don't reach half high enough yet — Oh!

— Aquí, ponlas en esta esquina - No, átalas juntas primero- no llegan ni a la mitad de la altura todavía - ¡Oh!

24.5

they'll do well enough; don't be particular — Here, Bill!

lo harán bastante bien; no seas particular — ¡Aquí, Bill!

24.6

catch hold of this rope — Will the roof bear?

agárrate a esta cuerda — ¿Soportará el tejado?

24.7

— Mind that loose slate — Oh, it's coming down!

— ¡Ten cuidado con esa pizarra suelta-Oh, está bajando!

24.8

Heads below!" (a loud crash) — "Now, who did that?

¡Cabezas abajo!" (un fuerte estruendo) — "Ahora, ¿quién hizo eso?

24.9

— It was Bill, I fancy — Who's to go down the chimney?

— Fue Bill, supongo — ¿Quién va a bajar por la chimenea?

24.10

— Nay, I shan't! You do it! — That I won't, then! — Bill's to go down — Here, Bill! the master says you're to go down the chimney!"

-¡No, no lo haré! ¡Hazlo tú! ¡Entonces no lo haré! ¡Bill bajará! ¡Aquí, Bill! ¡El amo dice que bajes por la chimenea!"

24.11

"Oh! So Bill's got to come down the chimney, has he?"

"¡Oh! Así que Bill tiene que bajar por la chimenea, ¿verdad?"

25.1

said Alice to herself. "Shy,

se dijo Alice. "¡Tímidos,

25.2

25.3 they seem to put everything upon Bill!

parece que todo se lo cargan a Bill!

25.4 I wouldn't be in Bill's place for a good deal:

Yo no estaría en el lugar de Bill por mucho:

25.5 this fireplace is narrow, to be sure;

esta chimenea es estrecha, sin duda;

25.6 but I think I can kick a little!"

¡pero creo que puedo patear un poco!"

26.1 She drew her foot as far down the chimney as she could, and waited till she heard a little animal (she couldn't guess of what sort it was) scratching and scrambling about in the chimney close above her: then, saying to herself

Bajó el pie todo lo que pudo por la chimenea y esperó hasta que oyó a un animalito (no podía adivinar de qué clase era) que arañaba y se revolvía en la chimenea, cerca de ella; entonces, diciéndose a sí misma

26.2 "This is Bill,"

"Éste es Bill,"

26.3 she gave one sharp kick, and waited to see what would happen next.

le dio una fuerte patada y esperó a ver qué ocurría a continuación.

27.1 The first thing she heard was a general chorus of

Lo primero que oyó fue un coro general de

27.2 "There goes Bill!" then the Rabbit's voice along —

"¡Ahí va Bill!" luego la voz del conejo —

"Catch him, you by the hedge!"

27.3

"¡Atrápalo, tú, junto al seto!"

then silence, and then another confusion of voices —
"Hold up his head — Brandy now — Don't choke
him — How was it, old fellow?

27.4

luego silencio, y después otra confusión de voces —
"Levántale la cabeza - Brandy, ahora-, no lo ahogues -
¿Cómo te fue, viejo amigo?

What happened to you? Tell us all about it!"

27.5

¿Qué te ha pasado? Cuéntanoslo todo!"

Last came a little feeble, squeaking voice, ("That's
Bill,"

28.1

Por último se oyó una vocecita débil y chirriante ("Es Bill,"

thought Alice,) "Well, I hardly know — No more,
thank ye;

28.2

pensó Alicia,) "Bueno, apenas sé — Ya no, gracias;

I'm better now — but I'm a deal too flustered to tell
you — all I know is, something comes at me like a
Jack-in-the-box, and up I goes like a sky- rocket!"

28.3

ya estoy mejor ...pero estoy demasiado nervioso para
decírtelo ...lo único que sé es que algo se me viene encima
como una caja de sorpresas, ¡y subo como un cohete!"

"So you did, old fellow!" said the others.

29.1

"¡Así es, viejo amigo!" dijeron los demás.

"We must burn the house down!" said the Rabbit's
voice;

30.1

"¡Hay que quemar la casa!" dijo la voz del Conejo;

30.2 and Alice called out as loud as she could, "If you do,
y Alicia gritó tan alto como pudo: "¡Si lo hacéis,

30.3 I'll set Dinah at you!"
os echaré a Dinah encima!"

31.1 There was a dead silence instantly, and Alice thought to herself,
Al instante se hizo un silencio sepulcral y Alice pensó:

31.2 "I wonder what they will do next! If they had any sense,
"¡Me pregunto qué harán ahora! Si tuvieran sentido común,

31.3 they'd take the roof off."
quitarían el tejado."

31.4 After a minute or two, they began moving about again, and Alice heard the Rabbit say,
Al cabo de un minuto o dos, empezaron a moverse de nuevo, y Alicia oyó decir al Conejo,

31.5 "A barrowful will do, to begin with."
"Para empezar, bastará con un barrowful."

32.1 "A barrowful of what?" thought Alice;
"¿Una barbaridad de qué?" pensó Alicia;

32.2 but she had not long to doubt, for the next moment a shower of little pebbles came rattling in at the window, and some of them hit her in the face.
pero no tuvo mucho tiempo para dudar, porque al momento siguiente una lluvia de piedrecitas entró traqueteando por la ventana, y algunas de ellas la golpearon en la cara.

"I'll put a stop to this," 32.3
"Voy a poner fin a esto,"

she said to herself, and shouted out, 32.4
se dijo, y gritó,

"You'd better not do that again!" 32.5
"¡Será mejor que no vuelvas a hacerlo!"

which produced another dead silence. 32.6
lo que produjo otro silencio sepulcral.

Alice noticed with some surprise that the pebbles 33.1
were all turning into little cakes as they lay on the
floor, and a bright idea came into her head.
Alicia se dio cuenta, sorprendida, de que los guijarros se
estaban convirtiendo en pastelitos mientras yacían en el
suelo, y se le ocurrió una brillante idea.

"If I eat one of these cakes," she thought, 33.2
"Si me como uno de estos pasteles," pensó,

"it's sure to make some change in my size; 33.3
"seguro que cambia mi tamaño;

and as it can't possibly make me larger, it must make 33.4
me smaller, I suppose."
y como es imposible que me haga más grande, supongo que
me hará más pequeña."

So she swallowed one of the cakes, 34.1
Así que se tragó uno de los pasteles,

34.2 **and was delighted to find that she began shrinking directly.**

y comprobó encantada que empezaba a encogerse directamente.

34.3 **As soon as she was small enough to get through the door, she ran out of the house, and found quite a crowd of little animals and birds waiting outside.**

Tan pronto como fue lo bastante pequeña para atravesar la puerta, salió corriendo de la casa y se encontró con una multitud de animalitos y pájaros que la esperaban fuera.

34.4 **The poor little Lizard, Bill, was in the middle, being held up by two guinea-pigs, who were giving it something out of a bottle.**

El pobre lagarto, Bill, estaba en medio, sostenido por dos cobayas que le daban de beber de una botella.

34.5 **They all made a rush at Alice the moment she appeared; but she ran off as hard as she could,**

Todos se abalanzaron sobre Alicia en cuanto apareció,

34.6 **and soon found herself safe in a thick wood.**

pero ella huyó lo más deprisa que pudo y pronto se encontró a salvo en un espeso bosque.

35.1 **"The first thing I've got to do,"**

"Lo primero que tengo que hacer,"

35.2 **said Alice to herself, as she wandered about in the wood,**

se dijo Alicia, mientras paseaba por el bosque,

35.3 **"is to grow to my right size again;**

"es volver a tener mi tamaño adecuado;

and the second thing is to find my way into that lovely garden.    35.4

y lo segundo, encontrar el camino hacia ese precioso jardín.

I think that will be the best plan."    35.5

Creo que ése será el mejor plan."

It sounded an excellent plan, no doubt, and very neatly and simply arranged;    36.1

Parecía un plan excelente, sin duda, y muy ordenado y sencillo;

the only difficulty was, that she had not the smallest idea how to set about it;    36.2

la única dificultad era que ella no tenía la menor idea de cómo llevarlo a cabo;

and while she was peering about anxiously among the trees,    36.3

y mientras miraba ansiosamente entre los árboles,

a little sharp bark just over her head made her look up in a great hurry.    36.4

un pequeño y agudo ladrido justo por encima de su cabeza la hizo levantar la vista a toda prisa.

An enormous puppy was looking down at her with large round eyes, and feebly stretching out one paw, trying to touch her.    37.1

Un enorme cachorro la miraba con sus grandes ojos redondos y, extendiendo débilmente una pata, trataba de tocarla.

"Poor little thing."    37.2

"Pobrecito."

37.3    said Alice, in a coaxing tone, and she tried hard to whistle to it;

dijo Alicia, en tono persuasivo, y se esforzó por silbarle;

37.4    but she was terribly frightened all the time at the thought that it might be hungry,

pero no dejaba de asustarse terriblemente ante la idea de que pudiera tener hambre,

37.5    in which case it would be very likely to eat her up in spite of all her coaxing.

en cuyo caso sería muy probable que se la comiera a pesar de todos sus halagos.

38.1    Hardly knowing what she did, she picked up a little bit of stick, and held it out to the puppy;

Sin saber muy bien lo que hacía, cogió un palito y se lo tendió al cachorro;

38.2    whereupon the puppy jumped into the air off all its feet at once, with a yelp of delight, and rushed at the stick, and made believe to worry it;

entonces el cachorro saltó por los aires con un aullido de placer, se abalanzó sobre el palito y trató de agarrarlo;

38.3    then Alice dodged behind a great thistle, to keep herself from being run over;

entonces Alicia se escabulló detrás de un gran cardo para no ser atropellada;

38.4    and the moment she appeared on the other side, the puppy made another rush at the stick, and tumbled head over heels in its hurry to get hold of it;

y en cuanto apareció por el otro lado, el cachorro se abalanzó de nuevo sobre el palito y cayó de cabeza en su afán por agarrarlo;

then Alice, thinking it was very like having a game of
play with a cart-horse, and expecting every moment
to be trampled under its feet, ran round the thistle
again;

38.5

Entonces Alicia, pensando que era como jugar con un
caballo de tiro, y esperando a cada momento ser pisoteada
por sus patas, corrió de nuevo alrededor del cardo;

then the puppy began a series of short charges at the
stick, running a very little way forwards each time
and a long way back, and barking hoarsely all the
while, till at last it sat down a good way off, panting,
with its tongue hanging out of its mouth, and its great
eyes half shut.

38.6

entonces el cachorro empezó una serie de cortas embestidas
contra el palo, corriendo cada vez muy poco hacia delante y
mucho hacia atrás, y ladrando roncamente todo el tiempo,
hasta que por fin se sentó a bastante distancia, jadeando,
con la lengua fuera de la boca y sus grandes ojos medio
cerrados.

This seemed to Alice a good opportunity for making
her escape; so she set off at once, and ran till she was
quite tired and out of breath, and till the puppy's bark
sounded quite faint in the distance.

39.1

Esto le pareció a Alice una buena oportunidad para escapar,
así que se puso en marcha de inmediato y corrió hasta que
se sintió cansada y sin aliento, y hasta que los ladridos del
cachorro sonaron muy débiles en la distancia.

"And yet what a dear little puppy it was!"

40.1

"Y, sin embargo, ¡qué adorable cachorrito era!"

said Alice, as she leant against a buttercup to rest
herself, and fanned herself with one of the leaves:

40.2

dijo Alicia, mientras se apoyaba en un ranúnculo para
descansar y se abanicaba con una de las hojas:

40.3 "I should have liked teaching it tricks very much,
"Me hubiera gustado mucho enseñarle trucos,

40.4 if — if I'd only been the right size to do it!
si hubiera tenido el tamaño adecuado para hacerlo!

40.5 Oh dear!
¡Ay, caramba!

40.6 I'd nearly forgotten that I've got to grow up again!
Casi había olvidado que tengo que volver a crecer!

40.7 Let me see — how is it to be managed?
A ver, ¿cómo me las arreglo?

40.8 I suppose I ought to eat or drink something or other;
Supongo que debo comer o beber algo;

40.9 but the great question is, what?"
pero la gran pregunta es: ¿qué?"

41.1 The great question certainly was, what?
La gran pregunta era, sin duda, ¿qué?

41.2 Alice looked all round her at the flowers and the blades of grass,
Alicia miró las flores y las briznas de hierba a su alrededor,

41.3 but she did not see anything that looked like the right thing to eat or drink under the circumstances.
pero no vio nada que le pareciera adecuado para comer o beber en aquellas circunstancias.

41.4 There was a large mushroom growing near her,
Había una gran seta que crecía cerca de ella,

about the same height as herself; 41.5

más o menos de la misma altura que ella;

and when she had looked under it, and on both sides 41.6
of it, and behind it, it occurred to her that she might
as well look and see what was on the top of it.

y cuando hubo mirado debajo de ella, a ambos lados y
detrás, se le ocurrió que también podría mirar a ver qué
había encima.

She stretched herself up on tiptoe, and peeped over 42.1
the edge of the mushroom, and her eyes immediately
met those of a large blue caterpillar, that was sitting
on the top with its arms folded, quietly smoking a
long hookah, and taking not the smallest notice of
her or of anything else.

Se puso de puntillas y se asomó por encima del borde de
la seta, y sus ojos se encontraron inmediatamente con los
de una gran oruga azul, que estaba sentada en lo alto con
los brazos cruzados, fumando tranquilamente un largo
narguile y sin reparar lo más mínimo en ella ni en nada.

# CHAPTER V. Advice from a Caterpillar

CAPÍTULO V. Consejos de una oruga

1.1 **The Caterpillar and Alice looked at each other for some time in silence:**

La oruga y Alicia se miraron durante algún tiempo en silencio:

1.2 **at last the Caterpillar took the hookah out of its mouth, and addressed her in a languid, sleepy voice.**

por fin la oruga se sacó el narguile de la boca y se dirigió a ella con voz lánguida y soñolienta.

2.1 **"Who are you?" said the Caterpillar.**

"¿Quién eres tú?" dijo la Oruga.

3.1 **This was not an encouraging opening for a conversation.**

Este no era un comienzo alentador para una conversación.

3.2 **Alice replied, rather shyly,**

Alice contestó, más bien tímidamente:

"I — I hardly know, sir, just at present — at least I know who I was when I got up this morning, but I think I must have been changed several times since then."    3.3

"Apenas lo sé, señor, en este momento; al menos sé quién era cuando me levanté esta mañana, pero creo que debo haber cambiado varias veces desde entonces."

"What do you mean by that?" said the Caterpillar sternly.    4.1

"¿Qué quieres decir con eso?" dijo la Oruga con severidad.

"Explain yourself!"    4.2

"¡Explícate!"

"I can't explain myself, I'm afraid, sir," said Alice,    5.1

"Me temo que no puedo explicarme, señor," dijo Alice,

"because I'm not myself, you see."    5.2

"porque no soy yo misma, ya ve."

"I don't see," said the Caterpillar.    6.1

"No veo," dijo la Oruga.

"I'm afraid I can't put it more clearly,"    7.1

"Me temo que no puedo decirlo más claramente,"

Alice replied very politely,    7.2

contestó Alice muy educadamente,

"for I can't understand it myself to begin with;    7.3

"porque para empezar ni yo misma puedo entenderlo;

7.4 **and being so many different sizes in a day is very confusing."**

y tener tantos tamaños diferentes en un día es muy confuso."

8.1 **"It isn't," said the Caterpillar.**

"No lo es," dijo la Oruga.

9.1 **"Well, perhaps you haven't found it so yet," said Alice;**

"Bueno, tal vez todavía no te lo parezca," dijo Alicia;

9.2 **"but when you have to turn into a chrysalis -**

"pero cuando tengas que convertirte en crisálida -

9.3 **you will some day, you know -**

algún día lo harás, ya sabes -

9.4 **and then after that into a butterfly, I should think you'll feel it a little queer, won't you?"**

y después en mariposa, creo que te parecerá un poco raro, ¿no?"

10.1 **"Not a bit," said the Caterpillar.**

"Ni un poco," dijo la Oruga.

11.1 **"Well, perhaps your feelings may be different,"**

"Bueno, tal vez tus sentimientos puedan ser diferentes,"

11.2 **said Alice;**

dijo Alice;

11.3 **"all I know is, it would feel very queer to me."**

"todo lo que sé es que a mí me parecería muy raro."

"You!" said the Caterpillar contemptuously. "Who are you?"

12.1

"¡Tú!" dijo la Oruga despectivamente. "¿Quién eres tú?"

Which brought them back again to the beginning of the conversation.

13.1

Lo que les devolvió al principio de la conversación.

Alice felt a little irritated at the Caterpillar's making such very short remarks, and she drew herself up and said, very gravely,

13.2

Alicia se sintió un poco irritada por los comentarios tan cortos de la Oruga, se recompuso y dijo, muy seria,

"I think, you ought to tell me who you are, first."

13.3

"Creo que primero deberías decirme quién eres."

"Why?" said the Caterpillar.

14.1

"¿Por qué?" dijo la Oruga.

Here was another puzzling question;

15.1

He aquí otra pregunta desconcertante;

and as Alice could not think of any good reason, and as the Caterpillar seemed to be in a very unpleasant state of mind, she turned away.

15.2

y como Alicia no podía pensar en ninguna buena razón, y como la Oruga parecía estar en un estado de ánimo muy desagradable, se dio la vuelta.

"Come back!" the Caterpillar called after her.

16.1

"¡Vuelve!" la Oruga llamó tras ella.

"I've something important to say!"

16.2

"¡Tengo algo importante que decir!"

17.1   This sounded promising, certainly:
Esto sonaba prometedor, ciertamente:

17.2   Alice turned and came back again.
Alice se dio la vuelta y volvió de nuevo.

18.1   "Keep your temper," said the Caterpillar.
"Mantén la calma," dijo la Oruga.

19.1   "Is that all?" said Alice,
"¿Eso es todo?" dijo Alice,

19.2   swallowing down her anger as well as she could.
tragándose el enfado como podía.

20.1   "No," said the Caterpillar.
"No," dijo la Oruga.

21.1   Alice thought she might as well wait, as she had nothing else to do, and perhaps after all it might tell her something worth hearing.
Alice pensó que podría esperar, ya que no tenía nada más que hacer, y tal vez, después de todo, podría decirle algo que valiera la pena escuchar.

21.2   For some minutes it puffed away without speaking, but at last it unfolded its arms, took the hookah out of its mouth again, and said,
Durante unos minutos estuvo dando caladas sin hablar, pero al fin desplegó los brazos, se sacó de nuevo el narguile de la boca y dijo,

21.3   "So you think you're changed, do you?"
"Así que crees que has cambiado, ¿verdad?"

"I'm afraid I am, sir," said Alice; 22.1

"Me temo que sí, señor," dijo Alicia;

"I can't remember things as I used — and I don't keep 22.2
the same size for ten minutes together!"

"ya no recuerdo las cosas como antes, ¡y no mantengo la
misma talla durante diez minutos seguidos!"

"Can't remember what things?" said the Caterpillar. 23.1

"¿No recuerdas qué cosas?" dijo la Oruga.

"Well, I've tried to say "How doth the little busy bee," 24.1

"Bueno, he intentado decir "Cómo está la abejita ocupada,"

but it all came different!" 24.2

¡pero me ha salido todo distinto!"

Alice replied in a very melancholy voice. 24.3

contestó Alicia con voz muy melancólica.

"Repeat, "You are old, Father William,"' said the 25.1
Caterpillar.

"Repite: "Eres viejo, padre Guillermo"," dijo la Oruga.

Alice folded her hands, and began:- 26.1

Alice se cruzó de brazos y comenzó:-

| | |
|---|---|
| "You are old, Father William," the young man said, | "Es usted viejo, padre Guillermo," dijo el joven, |
| "And your hair has become very white; | "Y tu pelo se ha vuelto muy blanco; |

| | |
|---|---|
| And yet you incessantly stand on your head - | Y, sin embargo, incesantemente de pie sobre su cabeza - |
| Do you think, at your age, it is right?" | ¿Crees que, a tu edad, es lo correcto?" |
| "In my youth," Father William replied to his son, | "En mi juventud," respondió el padre William a su hijo, |
| "I feared it might injure the brain; | "Temía que pudiera lesionar el cerebro; |
| But, now that I'm perfectly sure I have none, | Pero, ahora que estoy perfectamente seguro de que no tengo ninguno, |
| Why, I do it again and again." | Lo hago una y otra vez." |
| "You are old," said the youth, "as I mentioned before, | "Eres viejo," dijo el joven, "como te he dicho antes, |
| And have grown most uncommonly fat; | Y han engordado de forma poco común; |
| Yet you turned a back-somersault in at the door — | Sin embargo, dio un salto mortal en la puerta ... |
| Pray, what is the reason of that?" | Por favor, ¿cuál es la razón de eso?" |
| "In my youth," | "En mi juventud," |

said the sage, as he shook
his grey locks,

dijo el sabio, mientras
sacudía sus mechones
grises,

"I kept all my limbs very
supple

"Mantuve todos mis
miembros muy flexibles

By the use of this ointment -
one shilling the box -

Mediante el uso de este
ungüento - un chelín la
caja -

Allow me to sell you a
couple?"

¿Me permites venderte
un par?"

"You are old," said the
youth,

"Eres viejo," dijo el
joven,

"and your jaws are too weak

"y tus mandíbulas son
demasiado débiles

For anything tougher than
suet;

Para cualquier cosa más
dura que el sebo;

Yet you finished the goose,
with the bones and the
beak —

Sin embargo, terminaste
el ganso, con los huesos y
el pico ...

Pray, how did you manage
to do it?"

Oiga, ¿cómo se las
arregló para hacerlo?"

"In my youth," said his
father,

"En mi juventud," dijo su
padre,

"I took to the law,

"me dediqué a la
abogacía,

| | |
|---|---|
| And argued each case with my wife; | Y discutí cada caso con mi mujer; |
| And the muscular strength, which it gave to my jaw, | Y la fuerza muscular, que le dio a mi mandíbula, |
| Has lasted the rest of my life." | Ha durado el resto de mi vida." |
| "You are old," said the youth, "one would hardly suppose | "Eres viejo," dijo el joven, "uno difícilmente supondría |
| That your eye was as steady as ever; | Que tu ojo estaba tan firme como siempre; |
| Yet you balanced an eel on the end of your nose — | Sin embargo, balanceabas una anguila en la punta de tu nariz ... |
| What made you so awfully clever?" | ¿Qué te hizo tan terriblemente inteligente?" |
| "I have answered three questions, and that is enough," | "He respondido a tres preguntas, y eso es suficiente," |
| Said his father; "don't give yourself airs! | Dijo su padre; "¡No te des aires! |
| Do you think I can listen all day to such stuff? | ¿Crees que puedo escuchar todo el día esas cosas? |
| Be off, or I'll kick you down stairs!" | ¡Vete o te tiro por las escaleras!" |

"That is not said right," said the Caterpillar.                   28.1
"Eso no se dice bien," dijo la Oruga.

"Not quite right, I'm afraid," said Alice, timidly;              29.1
"No del todo bien, me temo," dijo Alice, tímidamente;

"some of the words have got altered."                           29.2
"algunas de las palabras se han alterado."

"It is wrong from beginning to end,"                            30.1
"Está mal de principio a fin,"

said the Caterpillar decidedly,                                  30.2
dijo la Oruga con decisión,

and there was silence for some minutes.                          30.3
y se hizo el silencio durante unos minutos.

The Caterpillar was the first to speak.                          31.1
La Oruga fue la primera en hablar.

"What size do you want to be?" it asked.                         32.1
"¿De qué tamaño quieres ser?" preguntó.

"Oh, I'm not particular as to size,"                             33.1
"Oh, no soy particular en cuanto a la talla,"

Alice hastily replied;                                           33.2
se apresuró a contestar Alice;

"only one doesn't like changing so often, you know."            33.3
"sólo que a una no le gusta cambiarse tan a menudo, ya
sabes."

34.1 "I don't know," said the Caterpillar.
"No lo sé," dijo la oruga.

35.1 Alice said nothing:
Alice no dijo nada:

35.2 she had never been so much contradicted in her life before,
nunca la habían contradicho tanto en su vida,

35.3 and she felt that she was losing her temper.
y sintió que perdía los estribos.

36.1 "Are you content now?" said the Caterpillar.
"¿Ya estás contento?" dijo la Oruga.

37.1 "Well, I should like to be a little larger, sir, if you wouldn't mind,"
"Bueno, me gustaría ser un poco más grande, señor, si no le importa,"

37.2 said Alice:
dijo Alice:

37.3 "three inches is such a wretched height to be."
"Tres pulgadas es una altura tan miserable para ser."

38.1 "It is a very good height indeed." said the Caterpillar angrily, rearing itself upright as it spoke (it was exactly three inches high).
"La oruga se irguió mientras hablaba (medía exactamente cinco centímetros de altura.")

"But I'm not used to it!" 39.1

"¡Pero no estoy acostumbrada!"

pleaded poor Alice in a piteous tone. 39.2

suplicó la pobre Alicia en tono lastimero.

And she thought of herself, 39.3

Y pensó para sí:

"I wish the creatures wouldn't be so easily offended!" 39.4

"¡Ojalá las criaturas no se ofendieran tan fácilmente!"

"You'll get used to it in time," said the Caterpillar; 40.1

"Te acostumbrarás con el tiempo," dijo la Oruga;

and it put the hookah into its mouth and began 40.2
smoking again.

y se metió el narguile en la boca y empezó a fumar de
nuevo.

This time Alice waited patiently until it chose to 41.1
speak again.

Esta vez Alice esperó pacientemente hasta que decidió
hablar de nuevo.

In a minute or two the Caterpillar took the hookah 41.2
out of its mouth and yawned once or twice, and shook
itself.

Al cabo de uno o dos minutos, la oruga se sacó el narguile de
la boca, bostezó una o dos veces y se sacudió.

Then it got down off the mushroom, and crawled 41.3
away in the grass, merely remarking as it went,

Luego se bajó de la seta y se alejó arrastrándose por la
hierba, limitándose a comentar mientras se alejaba:

41.4 "One side will make you grow taller, and the other side will make you grow shorter."
"Un lado te hará crecer más alto y el otro te hará crecer más bajo."

42.1 "One side of what? The other side of what?"
"¿Un lado de qué? ¿El otro lado de qué?"

42.2 thought Alice to herself.
pensó Alice.

43.1 "Of the mushroom," said the Caterpillar,
"De la seta," dijo la Oruga,

43.2 just as if she had asked it aloud;
igual que si lo hubiera preguntado en voz alta;

43.3 and in another moment it was out of sight.
y en otro momento se perdió de vista.

44.1 Alice remained looking thoughtfully at the mushroom for a minute,
Alicia se quedó mirando pensativamente la seta durante un minuto,

44.2 trying to make out which were the two sides of it;
tratando de averiguar cuáles eran sus dos lados;

44.3 and as it was perfectly round,
y como era perfectamente redonda,

44.4 she found this a very difficult question.
le resultó una cuestión muy difícil.

However, at last she stretched her arms round it as far   44.5
as they would go, and broke off a bit of the edge with
each hand.

Sin embargo, al fin extendió los brazos alrededor de la seta
hasta el tope y rompió un trozo del borde con cada mano.

"And now which is which?" she said to herself,   45.1

"¿Y ahora cuál es cuál?" se dijo,

and nibbled a little of the right-hand bit to try the   45.2
effect:

y mordisqueó un poco el trozo derecho para comprobar el
efecto:

the next moment she felt a violent blow underneath   45.3
her chin:

al momento siguiente sintió un violento golpe bajo la
barbilla:

it had struck her foot!   45.4

¡le había dado en el pie!

She was a good deal frightened by this very sudden   46.1
change, but she felt that there was no time to be lost,
as she was shrinking rapidly;

Estaba bastante asustada por este cambio tan repentino,
pero pensó que no había tiempo que perder, ya que se
estaba encogiendo rápidamente;

so she set to work at once to eat some of the other bit.   46.2

así que se puso a trabajar de inmediato para comer un poco
del otro bocado.

46.3 Her chin was pressed so closely against her foot, that there was hardly room to open her mouth; but she did it at last, and managed to swallow a morsel of the lefthand bit.

Tenía la barbilla tan apretada contra el pie que apenas tenía espacio para abrir la boca, pero al final lo hizo y consiguió tragar un bocado del bocado izquierdo.

---

48.1 "Come, my head's free at last!"

"¡Venga, por fin tengo la cabeza libre!"

48.2 said Alice in a tone of delight, which changed into alarm in another moment, when she found that her shoulders were nowhere to be found:

dijo Alicia en un tono de alegría que se transformó en alarma al poco rato, cuando se dio cuenta de que sus hombros no aparecían por ninguna parte:

48.3 all she could see, when she looked down, was an immense length of neck, which seemed to rise like a stalk out of a sea of green leaves that lay far below her.

todo lo que podía ver, cuando miraba hacia abajo, era un inmenso cuello que parecía surgir como un tallo de un mar de hojas verdes que se extendía muy por debajo de ella.

49.1 "What can all that green stuff be?" said Alice.

"¿Qué puede ser toda esa cosa verde?" dijo Alicia.

49.2 "And where have my shoulders got to?

"¿Y dónde se han metido mis hombros?

And oh, my poor hands, how is it I can't see you?"   49.3

Y oh, mis pobres manos, ¿cómo es que no puedo verte?"

She was moving them about as she spoke, but no   49.4
result seemed to follow, except a little shaking among
the distant green leaves.

Las movía mientras hablaba, pero no parecía obtener
ningún resultado, excepto un pequeño temblor entre las
lejanas hojas verdes.

As there seemed to be no chance of getting her hands   50.1
up to her head, she tried to get her head down to
them, and was delighted to find that her neck would
bend about easily in any direction, like a serpent.

Como no parecía haber ninguna posibilidad de llevarse las
manos a la cabeza, trató de bajar la cabeza hacia ellas, y se
alegró al comprobar que su cuello se doblaba fácilmente en
cualquier dirección, como una serpiente.

She had just succeeded in curving it down into a   50.2
graceful zigzag, and was going to dive in among the
leaves, which she found to be nothing but the tops of
the trees under which she had been wandering, when
a sharp hiss made her draw back in a hurry:

Acababa de conseguir curvarlo en un gracioso zigzag, e iba
a zambullirse entre las hojas, que no eran más que las copas
de los árboles bajo los que había estado vagando, cuando un
agudo silbido la hizo retroceder a toda prisa:

a large pigeon had flown into her face, and was   50.3
beating her violently with its wings.

una gran paloma había volado hacia su cara y la golpeaba
violentamente con las alas.

"Serpent!" screamed the Pigeon.   51.1

"¡Serpiente!" gritó la Paloma.

52.1 "I'm not a serpent!" said Alice indignantly.
"¡No soy una serpiente!" dijo Alice indignada.

52.2 "Let me alone!"
"¡Déjame en paz!"

53.1 "Serpent, I say again!"
"¡Serpiente, repito!"

53.2 repeated the Pigeon, but in a more subdued tone, and added with a kind of sob,
repitió la Paloma, pero en un tono más apagado, y añadió con una especie de sollozo,

53.3 "I've tried every way,
"¡Lo he intentado de todas las maneras,

53.4 and nothing seems to suit them!"
y nada parece convenirles!"

54.1 "I haven't the least idea what you're talking about,"
"No tengo la menor idea de lo que estás hablando,"

54.2 said Alice.
dijo Alice.

55.1 "I've tried the roots of trees, and I've tried banks, and I've tried hedges,"
"He probado con las raíces de los árboles, y con los bancos, y con los setos,"

55.2 the Pigeon went on, without attending to her;
prosiguió la Paloma, sin atenderla;

"but those serpents! There's no pleasing them!"    55.3
"¡pero esas serpientes! No hay quien las complazca!"

Alice was more and more puzzled,    56.1
Alicia estaba cada vez más desconcertada,

but she thought there was no use in saying anything    56.2
more till the Pigeon had finished.
pero pensó que no tenía sentido decir nada más hasta que la
Paloma hubiera terminado.

"As if it wasn't trouble enough hatching the eggs,"    57.1
"Como si no fuera bastante trabajo empollar los huevos,"

said the Pigeon;    57.2
dijo la paloma,

"but I must be on the look-out for serpents night and    57.3
day!
"¡pero tengo que estar al acecho de las serpientes día y
noche!

Why, I haven't had a wink of sleep these three    57.4
weeks!"
No he pegado ojo en tres semanas!"

"I'm very sorry you've been annoyed," said Alice,    58.1
"Siento mucho que te hayas enfadado," dijo Alice,

who was beginning to see its meaning.    58.2
que empezaba a comprender su significado.

"And just as I'd taken the highest tree in the wood,"    59.1
"Y justo cuando me había encaramado al árbol más alto del
bosque,"

59.2 **continued the Pigeon, raising its voice to a shriek,**
continuó la paloma, elevando la voz hasta el chillido,

59.3 **"and just as I was thinking I should be free of them at last,**
"y justo cuando pensaba que por fin me libraría de ellos,

59.4 **they must needs come wriggling down from the sky! Ugh,**
¡debieron bajar retorciéndose desde el cielo! Ugh,

59.5 **Serpent!"**
Serpiente!"

60.1 **"But I'm not a serpent, I tell you!" said Alice.**
"¡Pero te digo que no soy una serpiente!" dijo Alicia.

60.2 **"I'm a — I'm a — "**
"Soy una — soy una — "

61.1 **"Well! What are you?" said the Pigeon.**
"¡Vaya! ¿Qué eres?" dijo la paloma.

61.2 **"I can see you're trying to invent something!"**
"¡Puedo ver que estás tratando de inventar algo!"

62.1 **"I — I'm a little girl,"**
"Soy una niña pequeña,"

62.2 **said Alice, rather doubtfully, as she remembered the number of changes she had gone through that day.**
dijo Alicia, algo dubitativa, al recordar la cantidad de cambios que había sufrido aquel día.

"A likely story indeed!"                                        63.1
"¡Una historia muy probable!"

said the Pigeon in a tone of the deepest contempt.             63.2
dijo la Paloma en un tono del más profundo desprecio.

"I've seen a good many little girls in my time,               63.3
"He visto muchas niñas en mi vida,

but never one with such a neck as that! No, no!               63.4
¡pero nunca una con un cuello como ése! No, ¡no!

You're a serpent; and there's no use denying it.             63.5
Eres una serpiente, y es inútil negarlo.

I suppose you'll be telling me next that you never           63.6
tasted an egg!"
Supongo que ahora me dirás que nunca has probado un
huevo!"

"I have tasted eggs, certainly," said Alice,                  64.1
"He probado los huevos, ciertamente," dijo Alicia,

who was a very truthful child;                                64.2
que era una niña muy sincera;

"but little girls eat eggs quite as much as serpents do,      64.3
"pero las niñas comen huevos tanto como las serpientes,

you know."                                                    64.4
ya sabes."

"I don't believe it," said the Pigeon;                        65.1
"No lo creo," dijo la Paloma;

65.2 "but if they do, why then they're a kind of serpent, that's all I can say."

"pero si lo hacen, por qué entonces son una especie de serpiente, eso es todo lo que puedo decir."

66.1 This was such a new idea to Alice, that she was quite silent for a minute or two, which gave the Pigeon the opportunity of adding,

Esta idea era tan nueva para Alicia, que permaneció en silencio durante un minuto o dos, lo que dio a la paloma la oportunidad de añadir,

66.2 "You're looking for eggs, I know that well enough;

"Estás buscando huevos, lo sé muy bien;

66.3 and what does it matter to me whether you're a little girl or a serpent?"

¿y qué me importa a mí si eres una niña o una serpiente?"

67.1 "It matters a good deal to me," said Alice hastily;

"A mí me importa mucho," se apresuró a decir Alicia,

67.2 "but I'm not looking for eggs, as it happens; and if I was, I shouldn't want yours:

"pero no estoy buscando huevos, y si los buscara, no querría los tuyos:

67.3 I don't like them raw."

No me gustan crudos."

68.1 "Well, be off, then!" said the Pigeon in a sulky tone,

"¡Pues vete!" dijo la paloma en tono enfurruñado,

68.2 as it settled down again into its nest.

mientras volvía a instalarse en su nido.

Alice crouched down among the trees as well as she could, for her neck kept getting entangled among the branches, and every now and then she had to stop and untwist it.

68.3

Alicia se agachó entre los árboles lo mejor que pudo, pues su cuello se enredaba entre las ramas y de vez en cuando tenía que detenerse para desenredarlo.

After a while she remembered that she still held the pieces of mushroom in her hands, and she set to work very carefully, nibbling first at one and then at the other, and growing sometimes taller and sometimes shorter, until she had succeeded in bringing herself down to her usual height.

68.4

Al cabo de un rato se acordó de que aún tenía los trozos de seta en las manos, y se puso a trabajar con mucho cuidado, mordisqueando primero uno y luego otro, y haciéndose unas veces más alta y otras más baja, hasta que consiguió bajar a su altura habitual.

It was so long since she had been anything near the right size, that it felt quite strange at first; but she got used to it in a few minutes, and began talking to herself, as usual.

69.1

Hacía tanto tiempo que no tenía una talla tan grande que al principio le pareció extraño, pero en pocos minutos se acostumbró y empezó a hablar sola, como de costumbre.

"Come, there's half my plan done now!

69.2

"¡Venga, ya está la mitad de mi plan hecho!

How puzzling all these changes are!

69.3

¡Qué desconcertantes son todos estos cambios!

69.4    I'm never sure what I'm going to be, from one minute to another!

Nunca estoy segura de lo que voy a ser de un momento a otro!

69.5    However, I've got back to my right size:

Sin embargo, he vuelto a mi tamaño correcto:

69.6    the next thing is, to get into that beautiful garden — how is that to be done, I wonder?"

lo siguiente es, entrar en ese hermoso jardín, ¿cómo se va a hacer eso, me pregunto?"

69.7    As she said this, she came suddenly upon an open place, with a little house in it about four feet high.

Mientras decía esto, se encontró de repente con un lugar abierto, en el que había una casita de un metro y medio de altura.

69.8    "Whoever lives there," thought Alice,

"Quienquiera que viva allí," pensó Alicia,

69.9    "it'll never do to come upon them this size:

"no servirá de nada toparse con él de este tamaño:

69.10    why, I should frighten them out of their wits!"

¡vaya si lo asustaría!"

69.11    So she began nibbling at the righthand bit again,

Así que empezó a mordisquear de nuevo el trozo de la derecha,

69.12    and did not venture to go near the house till she had brought herself down to nine inches high.

y no se aventuró a acercarse a la casa hasta que hubo bajado a nueve pulgadas de altura.

# CHAPTER VI. Pig and Pepper

CAPÍTULO VI. El cerdo y la pimienta

1.1 For a minute or two she stood looking at the house, and wondering what to do next, when suddenly a footman in livery came running out of the wood — (she considered him to be a footman because he was in livery: otherwise, judging by his face only, she would have called him a fish) — and rapped loudly at the door with his knuckles.

Durante uno o dos minutos se quedó mirando la casa y preguntándose qué hacer a continuación, cuando de pronto un lacayo salió corriendo del bosque (ella lo consideraba lacayo porque era de librea; de lo contrario, a juzgar sólo por su rostro, lo habría llamado pez) y golpeó fuertemente la puerta con los nudillos.

1.2 It was opened by another footman in livery, with a round face, and large eyes like a frog;

Abrió otro lacayo de librea, de cara redonda y ojos grandes como los de una rana;

1.3 and both footmen, Alice noticed, had powdered hair that curled all over their heads.

y ambos lacayos, notó Alicia, tenían el pelo empolvado que se les rizaba por toda la cabeza.

She felt very curious to know what it was all about, 1.4

Sintió gran curiosidad por saber de qué se trataba,

and crept a little way out of the wood to listen. 1.5

y se arrastró un poco fuera del bosque para escuchar.

The Fish-Footman began by producing from under 2.1
his arm a great letter, nearly as large as himself, and
this he handed over to the other, saying, in a solemn
tone,

El hombre pez empezó sacando de debajo del brazo una
gran carta, casi tan grande como él mismo, y se la entregó al
otro, diciendo en tono solemne,

"For the Duchess. 2.2

"Para la duquesa.

An invitation from the Queen to play croquet." 2.3

Una invitación de la Reina para jugar al croquet."

The Frog-Footman repeated, in the same solemn tone, 2.4
only changing the order of the words a little,

El Hombre Rana repitió, en el mismo tono solemne,
cambiando sólo un poco el orden de las palabras,

"From the Queen. 2.5

"De la Reina.

An invitation for the Duchess to play croquet." 2.6

Una invitación para que la Duquesa juegue al croquet."

Then they both bowed low, and their curls got 3.1
entangled together.

Entonces ambos se inclinaron y sus rizos se enredaron.

4.1 Alice laughed so much at this, that she had to run back into the wood for fear of their hearing her;

Alicia se rió tanto que tuvo que volver corriendo al bosque por miedo a que la oyeran;

4.2 and when she next peeped out the Fish-Footman was gone, and the other was sitting on the ground near the door, staring stupidly up into the sky.

y cuando volvió a asomarse, el hombre pez ya no estaba y el otro estaba sentado en el suelo, cerca de la puerta, mirando estúpidamente al cielo.

5.1 Alice went timidly up to the door, and knocked.

Alice se acercó tímidamente a la puerta y llamó.

6.1 "There's no sort of use in knocking," said the Footman,

"No sirve de nada llamar," dijo el lacayo,

6.2 "and that for two reasons. First,

"y eso por dos razones. Primero,

6.3 because I'm on the same side of the door as you are;

porque estoy en el mismo lado de la puerta que tú;

6.4 secondly, because they're making such a noise inside, no one could possibly hear you."

segundo, porque dentro hacen tanto ruido que nadie podría oírte."

And certainly there was a most extraordinary noise going on within — a constant howling and sneezing, and every now and then a great crash, as if a dish or kettle had been broken to pieces.

6.5

Y lo cierto es que dentro se oía un ruido extraordinario: constantes aullidos y estornudos, y de vez en cuando un gran estruendo, como si se hubiera roto en pedazos un plato o una tetera.

"Please, then," said Alice, "how am I to get in?"

7.1

"Por favor, entonces," dijo Alicia, "¿cómo voy a entrar?"

"There might be some sense in your knocking,"

8.1

"Podría tener algún sentido que llamaras,"

the Footman went on without attending to her,

8.2

continuó el lacayo sin atenderla,

"if we had the door between us.

8.3

"si tuviéramos la puerta entre nosotros.

For instance, if you were inside, you might knock, and I could let you out, you know."

8.4

Por ejemplo, si estuvieras dentro, podrías llamar y yo podría dejarte salir."

He was looking up into the sky all the time he was speaking,

8.5

No dejaba de mirar al cielo mientras hablaba,

and this Alice thought decidedly uncivil.

8.6

y esto a Alicia le pareció decididamente descortés.

"But perhaps he can't help it," she said to herself;

8.7

"Pero tal vez no pueda evitarlo," se dijo a sí misma,

8.8 "his eyes are so very nearly at the top of his head.
"sus ojos están tan cerca de la parte superior de su cabeza.

8.9 But at any rate he might answer questions.
Pero, en cualquier caso, podría responder a las preguntas.

8.10 — How am I to get in?" she repeated, aloud.
¿Cómo voy a entrar?" .

9.1 "I shall sit here," the Footman remarked,
"Me sentaré aquí," comentó el lacayo,

9.2 "till tomorrow — "
"hasta mañana — "

10.1 At this moment the door of the house opened, and a large plate came skimming out, straight at the Footman's head:
En ese momento se abrió la puerta de la casa y salió rozando un gran plato que iba directo a la cabeza del lacayo:

10.2 it just grazed his nose, and broke to pieces against one of the trees behind him.
le rozó la nariz y se rompió en pedazos contra uno de los árboles que había detrás de él.

11.1 "- or next day, maybe," the Footman continued in the same tone, exactly as if nothing had happened.
"-O al día siguiente, tal vez - continuó el lacayo en el mismo tono, exactamente como si no hubiera pasado nada.

12.1 "How am I to get in?" asked Alice again,
"¿Cómo voy a entrar?" volvió a preguntar Alice,

in a louder tone. 12.2
en un tono más alto.

"Are you to get in at all?" said the Footman. 13.1
"¿Vas a entrar?" dijo el lacayo.

"That's the first question, you know." 13.2
"Esa es la primera pregunta, ya sabes."

It was, no doubt: 14.1
Lo era, sin duda:

only Alice did not like to be told so. 14.2
sólo que a Alicia no le gustaba que se lo dijeran.

"It's really dreadful," she muttered to herself, 14.3
"Es realmente espantoso," murmuró para sí misma,

"the way all the creatures argue. 14.4
"la forma en que todas las criaturas discuten.

It's enough to drive one crazy!" 14.5
Es como para volverse loca!"

The Footman seemed to think this a good 15.1
opportunity for repeating his remark,
El lacayo pensó que era una buena oportunidad para repetir
su comentario,

with variations. "I shall sit here," he said, 15.2
con variaciones. "Me sentaré aquí," dijo,

"on and off, for days and days." 15.3
"de vez en cuando, durante días y días."

16.1 "But what am I to do?" said Alice.

"Pero, ¿qué voy a hacer?" dijo Alicia.

17.1 "Anything you like," said the Footman, and began whistling.

"Lo que quieras," dijo el lacayo, y empezó a silbar.

18.1 "Oh, there's no use in talking to him," said Alice desperately:

"Oh, es inútil hablar con él," dijo Alice desesperadamente:

18.2 "he's perfectly idiotic!"

"¡Es un perfecto idiota!"

18.3 And she opened the door and went in.

Abrió la puerta y entró.

19.1 The door led right into a large kitchen,

La puerta daba directamente a una gran cocina,

19.2 which was full of smoke from one end to the other:

llena de humo de un extremo a otro:

19.3 the Duchess was sitting on a three-legged stool in the middle,

la duquesa estaba sentada en un taburete de tres patas en el centro,

19.4 nursing a baby;

amamantando a un bebé;

19.5 the cook was leaning over the fire,

la cocinera estaba inclinada sobre el fuego,

stirring a large cauldron which seemed to be full of soup.

19.6

removiendo un gran caldero que parecía lleno de sopa.

"There's certainly too much pepper in that soup!"

20.1

"¡Sin duda hay demasiada pimienta en esa sopa!"

Alice said to herself, as well as she could for sneezing.

20.2

se dijo Alice, lo mejor que pudo para estornudar.

There was certainly too much of it in the air.

21.1

Ciertamente había demasiada en el aire.

Even the Duchess sneezed occasionally;

21.2

Incluso la duquesa estornudaba de vez en cuando;

and as for the baby,

21.3

y en cuanto al bebé,

it was sneezing and howling alternately without a moment's pause.

21.4

estornudaba y aullaba alternativamente sin detenerse un momento.

The only things in the kitchen that did not sneeze, were the cook, and a large cat which was sitting on the hearth and grinning from ear to ear.

21.5

Las únicas cosas en la cocina que no estornudaban eran la cocinera y un gran gato que estaba sentado en la chimenea y sonreía de oreja a oreja.

"Please would you tell me,"

22.1

"Por favor, ¿podrías decirme,"

22.2 said Alice, a little timidly, for she was not quite sure whether it was good manners for her to speak first,

dijo Alicia, un poco tímidamente, pues no estaba muy segura de si era de buena educación que ella hablara primero,

22.3 "why your cat grins like that?"

"por qué tu gato sonríe así?"

23.1 "It's a Cheshire cat," said the Duchess, "and that's why.

"Es un gato de Cheshire," dijo la Duquesa, "y por eso.

23.2 Pig!"

¡Cerdo!"

24.1 She said the last word with such sudden violence that Alice quite jumped;

Pronunció la última palabra con una violencia tan repentina que Alicia se sobresaltó;

24.2 but she saw in another moment that it was addressed to the baby, and not to her, so she took courage, and went on again: — .

pero al instante vio que iba dirigida al bebé y no a ella, así que se armó de valor y prosiguió: — .

25.1 "I didn't know that Cheshire cats always grinned; in fact,

"No sabía que los gatos de Cheshire siempre sonreían; de hecho,

25.2 I didn't know that cats could grin."

no sabía que los gatos pudieran sonreír."

"They all can," said the Duchess; "and most of 'em do." 26.1

"Todos pueden," dijo la Duquesa; "y la mayoría lo hace."

"I don't know of any that do," Alice said very politely, 27.1

"No sé de ninguna que lo haga," dijo Alice muy educadamente,

feeling quite pleased to have got into a conversation. 27.2

sintiéndose muy contenta de haber entablado conversación.

"You don't know much," said the Duchess; 28.1

"No sabes mucho," dijo la Duquesa;

"and that's a fact." 28.2

"y eso es un hecho."

Alice did not at all like the tone of this remark, 29.1

A Alicia no le gustó nada el tono de este comentario,

and thought it would be as well to introduce some other subject of conversation. 29.2

y pensó que sería mejor introducir otro tema de conversación.

While she was trying to fix on one, the cook took the cauldron of soup off the fire, and at once set to work throwing everything within her reach at the Duchess and the baby — the fire-irons came first; then followed a shower of saucepans, plates, and dishes. 29.3

Mientras trataba de encontrar uno, la cocinera retiró el caldero de la sopa del fuego y se puso a lanzar todo lo que tenía a su alcance contra la duquesa y el niño: primero fueron los hierros de fuego, luego una lluvia de cacerolas, platos y fuentes.

29.4 The Duchess took no notice of them even when they hit her; and the baby was howling so much already, that it was quite impossible to say whether the blows hurt it or not.

La duquesa no les hizo caso, ni siquiera cuando la golpearon, y el niño aullaba tanto que era imposible saber si los golpes le habían hecho daño o no.

30.1 "Oh, please mind what you're doing!" cried Alice,

"¡Oh, por favor, cuidado con lo que haces!" gritó Alice,

30.2 jumping up and down in an agony of terror. "Oh,

saltando de un lado a otro en una agonía de terror. "¡Oh,

30.3 there goes his precious nose!"

ahí va su preciosa nariz!"

30.4 as an unusually large saucepan flew close by it, and very nearly carried it off.

mientras una cacerola inusualmente grande volaba cerca de ella y casi se la lleva.

31.1 "If everybody minded their own business,"

"Si todo el mundo se ocupara de sus propios asuntos,"

31.2 the Duchess said in a hoarse growl,

dijo la Duquesa con un gruñido ronco,

31.3 "the world would go round a deal faster than it does."

"el mundo giraría mucho más rápido de lo que lo hace."

32.1 "Which would not be an advantage," said Alice,

"Lo cual no sería una ventaja," dijo Alicia,

who felt very glad to get an opportunity of showing    32.2
off a little of her knowledge.

que se sentía muy contenta de tener la oportunidad de
demostrar un poco de sus conocimientos.

"Just think of what work it would make with the day    32.3
and night!

"¡Piensa en el trabajo que haría con el día y la noche!

You see the earth takes twenty-four hours to turn    32.4
round on its axis — "

La Tierra tarda veinticuatro horas en girar sobre su eje ..."

"Talking of axes," said the Duchess,    33.1

"Hablando de hachas," dijo la duquesa,

"chop off her head!"    33.2

"¡córtale la cabeza!"

Alice glanced rather anxiously at the cook,    34.1

Alicia miró con cierta ansiedad a la cocinera,

to see if she meant to take the hint;    34.2

para ver si entendía la indirecta;

but the cook was busily stirring the soup, and seemed    34.3
not to be listening, so she went on again:

pero la cocinera estaba revolviendo afanosamente la sopa y
parecía no estar escuchando, así que continuó:

"Twenty-four hours, I think; or is it twelve? I — "    34.4

"Veinticuatro horas, creo; ¿o son doce? I — "

"Oh, don't bother me," said the Duchess;    35.1

"Oh, no me molestes," dijo la Duquesa;

35.2   "I never could abide figures!"

"¡nunca he podido soportar las figuras!"

35.3   And with that she began nursing her child again, singing a sort of lullaby to it as she did so, and giving it a violent shake at the end of every line:

Y en seguida volvió a amamantar a su hijo, cantándole una especie de canción de cuna y dándole una violenta sacudida al final de cada línea:

"Speak roughly to your little boy,

"Háblale bruscamente a tu hijito,

And beat him when he sneezes:

Y pégale cuando estornude:

He only does it to annoy,

Sólo lo hace para molestar,

Because he knows it teases."

Porque sabe que se burla."

CHORUS.

CORO.

(In which the cook and the baby joined):

(En la que se unieron la cocinera y el bebé):

38.1   "Wow! wow! wow!"

"¡Guau! ¡Guau! ¡Guau!"

39.1   While the Duchess sang the second verse of the song, she kept tossing the baby violently up and down, and the poor little thing howled so, that Alice could hardly hear the words: — .

Mientras la duquesa cantaba la segunda estrofa de la canción, no dejaba de zarandear violentamente al bebé, y el pobrecito aullaba de tal manera, que Alicia apenas podía oír la letra: — .

"I speak severely to my boy,

"Hablo severamente a mi hijo,

I beat him when he sneezes;

Le pego cuando estornuda;

For he can thoroughly enjoy

Porque puede disfrutar plenamente

The pepper when he pleases!"

¡La pimienta cuando le da la gana!"

CHORUS.    41.1

CORO.

"Wow! wow! wow!"    42.1

"¡Guau! ¡Guau! ¡Guau!"

"Here! you may nurse it a bit, if you like!"    43.1

"Si quieres, puedes darle un poco de mamar,"

the Duchess said to Alice,    43.2

dijo la duquesa a Alicia,

flinging the baby at her as she spoke.    43.3

arrojándole el bebé mientras hablaba.

"I must go and get ready to play croquet with the Queen,"    43.4

"Debo ir a prepararme para jugar al croquet con la Reina,"

and she hurried out of the room.    43.5

y se apresuró a salir de la habitación.

43.6 The cook threw a frying-pan after her as she went out,

La cocinera le arrojó una sartén al salir,

43.7 but it just missed her.

pero no le dio.

44.1 Alice caught the baby with some difficulty, as it was a queer-shaped little creature, and held out its arms and legs in all directions,

Alice cogió al bebé con cierta dificultad, ya que era una criaturita de forma extraña, y extendía los brazos y las piernas en todas direcciones,

44.2 "just like a star-fish," thought Alice.

"como una estrella de mar," pensó Alice.

44.3 The poor little thing was snorting like a steam-engine when she caught it, and kept doubling itself up and straightening itself out again, so that altogether, for the first minute or two, it was as much as she could do to hold it.

La pobre criatura resoplaba como una máquina de vapor cuando la cogió, y no dejaba de doblarse y enderezarse de nuevo, de modo que, en conjunto, durante el primer o segundo minuto, fue todo lo que pudo hacer para sostenerla.

45.1 As soon as she had made out the proper way of nursing it, (which was to twist it up into a sort of knot, and then keep tight hold of its right ear and left foot, so as to prevent its undoing itself,) she carried it out into the open air.

En cuanto se dio cuenta de la manera adecuada de amamantarlo (que consistía en hacerle una especie de nudo y sujetarlo por la oreja derecha y el pie izquierdo para evitar que se deshiciera por sí solo), lo sacó al aire libre.

"If I don't take this child away with me," thought Alice,

"Si no me llevo a este niño," pensó Alicia,

45.2

"they're sure to kill it in a day or two:

"seguro que lo matan en uno o dos días:

45.3

wouldn't it be murder to leave it behind?"

¿no sería un asesinato dejarlo atrás?"

45.4

She said the last words out loud,

Pronunció las últimas palabras en voz alta,

45.5

and the little thing grunted in reply (it had left off sneezing by this time).

y la criatura respondió con un gruñido (ya había dejado de estornudar).

45.6

"Don't grunt," said Alice;

"No gruñas - dijo Alicia-;

45.7

"that's not at all a proper way of expressing yourself."

no es una forma adecuada de expresarse."

45.8

The baby grunted again, and Alice looked very anxiously into its face to see what was the matter with it.

El bebé volvió a gruñir y Alicia lo miró ansiosamente a la cara para ver qué le pasaba.

46.1

There could be no doubt that it had a very turn-up nose,

No cabía duda de que tenía la nariz muy respingona,

46.2

much more like a snout than a real nose;

mucho más parecida a un hocico que a una nariz de verdad;

46.3

46.4 **also its eyes were getting extremely small for a baby:**
además, los ojos se le estaban haciendo extremadamente pequeños para ser un bebé:

46.5 **altogether Alice did not like the look of the thing at all.**
en conjunto, a Alicia no le gustaba nada aquel aspecto.

46.6 **"But perhaps it was only sobbing,"**
"Pero tal vez sólo estaba sollozando,"

46.7 **she thought, and looked into its eyes again, to see if there were any tears.**
pensó, y volvió a mirarle a los ojos para ver si tenía lágrimas.

47.1 **No, there were no tears.**
No, no hubo lágrimas.

47.2 **"If you're going to turn into a pig, my dear,"**
"Si vas a convertirte en un cerdo, querida,"

47.3 **said Alice, seriously, "I'll have nothing more to do with you.**
dijo Alice, seriamente, "no tendré nada más que ver contigo.

47.4 **Mind now!"**
Cuidado!"

47.5 **The poor little thing sobbed again (or grunted, it was impossible to say which), and they went on for some while in silence.**
La pobrecita volvió a sollozar (o a gruñir, era imposible saber cuál de las dos cosas), y siguieron un rato en silencio.

Alice was just beginning to think to herself, 48.1

Alicia empezaba a pensar:

"Now, what am I to do with this creature when I get it 48.2
home?"

"¿Qué voy a hacer con esta criatura cuando la lleve a casa?"

when it grunted again, so violently, that she looked 48.3
down into its face in some alarm.

cuando el animal volvió a gruñir con tanta violencia que
Alicia bajó la vista para mirarle a la cara, algo alarmada.

This time there could be no mistake about it: 48.4

Esta vez no podía equivocarse:

it was neither more nor less than a pig, 48.5

era ni más ni menos que un cerdo,

and she felt that it would be quite absurd for her to 48.6
carry it further.

y pensó que sería absurdo llevarlo más lejos.

So she set the little creature down, and felt quite 49.1
relieved to see it trot away quietly into the wood.

Así que dejó a la criaturita en el suelo y se sintió aliviada al
verla alejarse trotando tranquilamente hacia el bosque.

"If it had grown up," she said to herself, 49.2

"Si hubiera crecido," se dijo,

"it would have made a dreadfully ugly child: but it 49.3
makes rather a handsome pig,

"habría sido un niño terriblemente feo,

I think." 49.4

pero creo que es un cerdo bastante guapo."

49.5 And she began thinking over other children she knew, who might do very well as pigs, and was just saying to herself,

Y se puso a pensar en otros niños que conocía y que podrían hacer muy bien de cerdos, y se decía a sí misma,

49.6 "if one only knew the right way to change them — "

"Si uno supiera cómo cambiarlos — ,"

49.7 when she was a little startled by seeing the Cheshire Cat sitting on a bough of a tree a few yards off.

cuando se sobresaltó un poco al ver al Gato de Cheshire sentado en la rama de un árbol, a unos metros de distancia.

50.1 The Cat only grinned when it saw Alice.

El Gato sólo sonrió cuando vio a Alicia.

50.2 It looked good-natured, she thought: still it had very long claws and a great many teeth, so she felt that it ought to be treated with respect.

Parecía bondadoso, pensó Alicia, pero tenía garras muy largas y muchos dientes, así que pensó que había que tratarlo con respeto.

51.1 "Cheshire Puss,"

"Gato de Cheshire,"

51.2 she began, rather timidly, as she did not at all know whether it would like the name: however, it only grinned a little wider.

empezó a decir Alicia con cierta timidez, pues no sabía si le gustaría el nombre.

51.3 "Come, it's pleased so far," thought Alice,

"Vamos, hasta aquí está contento," pensó Alicia,

and she went on.

51.4

y continuó.

"Would you tell me, please, which way I ought to go from here?"

51.5

"¿Podría decirme, por favor, qué camino debo tomar a partir de aquí?"

"That depends a good deal on where you want to get to,"

52.1

"Eso depende mucho de adónde quieras llegar,"

said the Cat.

52.2

dijo el Gato.

"I don't much care where — " said Alice.

53.1

"No me importa mucho dónde — " dijo Alice.

"Then it doesn't matter which way you go," said the Cat.

54.1

"Entonces no importa por dónde vayas," dijo el Gato.

" — so long as I get somewhere,"

55.1

" — Siempre que llegue a alguna parte,"

Alice added as an explanation.

55.2

añadió Alice como explicación.

"Oh, you're sure to do that," said the Cat,

56.1

"Oh, seguro que lo harás," dijo el Gato,

"if you only walk long enough."

56.2

"si sólo caminas lo suficiente."

57.1 Alice felt that this could not be denied,
Alice sintió que esto no podía ser negado,

57.2 so she tried another question.
así que intentó otra pregunta.

57.3 "What sort of people live about here?"
"¿Qué clase de gente vive por aquí?"

58.1 "In that direction," the Cat said, waving its right paw round,
"En aquella dirección," dijo el Gato agitando la pata derecha,

58.2 "lives a Hatter: and in that direction,"
"vive un Sombrerero; y en aquella dirección,"

58.3 waving the other paw, "lives a March Hare.
agitando la otra pata, "vive una Liebre de Marzo.

58.4 Visit either you like: they're both mad."
Visita a cualquiera de los dos: los dos están locos."

59.1 "But I don't want to go among mad people," Alice remarked.
"Pero yo no quiero ir entre locos," comentó Alicia.

60.1 "Oh, you can't help that," said the Cat:
"Oh, no puedes evitarlo," dijo el Gato:

60.2 "we're all mad here. I'm mad. You're mad."
"aquí todos estamos locos. Yo estoy loco. Tú estás loco."

"How do you know I'm mad?" said Alice.

"¿Cómo sabes que estoy loca?" dijo Alice.

61.1

"You must be," said the Cat,

"Debes serlo," dijo el Gato,

62.1

"or you wouldn't have come here."

"o no habrías venido aquí."

62.2

Alice didn't think that proved it at all; however,

Alice no creyó que eso lo probara en absoluto; sin embargo,

63.1

she went on "And how do you know that you're mad?"

prosiguió: "¿Y cómo sabes que estás loco?"

63.2

"To begin with," said the Cat, "a dog's not mad.

"Para empezar," dijo el Gato, "un perro no está loco.

64.1

You grant that?"

¿Lo reconoces?"

64.2

"I suppose so," said Alice.

"Supongo que sí," dijo Alice.

65.1

"Well, then," the Cat went on, "you see, a dog growls when it's angry, and wags its tail when it's pleased.

"Pues bien - continuó el Gato-, verás, un perro gruñe cuando está enfadado y mueve la cola cuando está contento.

66.1

Now I growl when I'm pleased, and wag my tail when I'm angry.

Yo gruño cuando estoy contento y muevo la cola cuando estoy enfadado.

66.2

66.3 Therefore I'm mad."
Por eso estoy enfadado."

67.1 "I call it purring, not growling," said Alice.
"Yo lo llamo ronronear, no gruñir," dijo Alice.

68.1 "Call it what you like," said the Cat.
"Llámalo como quieras," dijo el Gato.

68.2 "Do you play croquet with the Queen to- day?"
"¿Juegas croquet con la Reina hoy?"

69.1 "I should like it very much," said Alice,
"Me gustaría mucho," dijo Alice,

69.2 "but I haven't been invited yet."
"pero aún no me han invitado."

70.1 "You'll see me there," said the Cat, and vanished.
"Me verás allí," dijo el Gato, y desapareció.

71.1 Alice was not much surprised at this,
Alice no se sorprendió mucho,

71.2 she was getting so used to queer things happening.
ya que se estaba acostumbrando a que ocurrieran cosas raras.

71.3 While she was looking at the place where it had been,
Mientras miraba el lugar donde había estado,

71.4 it suddenly appeared again.
de repente apareció de nuevo.

"By-the-bye, what became of the baby?" said the Cat.      72.1
"Por cierto, ¿qué fue del bebé?" dijo el Gato.

"I'd nearly forgotten to ask."                            72.2
"Casi se me había olvidado preguntar."

"It turned into a pig," Alice quietly said,               73.1
"Se convirtió en un cerdo," dijo Alice en voz baja,

just as if it had come back in a natural way.             73.2
como si hubiera vuelto de forma natural.

"I thought it would," said the Cat, and vanished          74.1
again.
"Ya me lo imaginaba," dijo el Gato, y volvió a desaparecer.

Alice waited a little, half expecting to see it again,    75.1
but it did not appear, and after a minute or two she
walked on in the direction in which the March Hare
was said to live.
Alicia esperó un poco, casi con la esperanza de volver a
verla, pero no apareció, y al cabo de uno o dos minutos
siguió caminando en dirección a donde se decía que vivía la
Liebre de Marzo.

"I've seen hatters before," she said to herself;          75.2
"He visto sombrereros antes," se dijo,

"the March Hare will be much the most interesting,        75.3
and perhaps as this is May it won't be raving mad —
at least not so mad as it was in March."
"la liebre de marzo será mucho más interesante, y tal vez
como estamos en mayo no estará loca de atar, al menos no
tan loca como en marzo."

75.4 **As she said this, she looked up, and there was the Cat again, sitting on a branch of a tree.**

Al decir esto, levantó la vista y allí estaba de nuevo el Gato, sentado en la rama de un árbol.

76.1 **"Did you say pig, or fig?" said the Cat.**

"¿Has dicho cerdo o higo?" dijo el Gato.

77.1 **"I said pig," replied Alice;**

"He dicho cerdo," respondió Alicia;

77.2 **"and I wish you wouldn't keep appearing and vanishing so suddenly:**

"y me gustaría que no siguieras apareciendo y desapareciendo tan de repente:

77.3 **you make one quite giddy."**

le das a uno bastante vértigo."

78.1 **"All right," said the Cat;**

"Muy bien," dijo el Gato;

78.2 **and this time it vanished quite slowly, beginning with the end of the tail, and ending with the grin, which remained some time after the rest of it had gone.**

y esta vez se desvaneció muy lentamente, empezando por el extremo de la cola y terminando por la mueca, que permaneció algún tiempo después de que el resto se hubiera ido.

79.1 **"Well! I've often seen a cat without a grin,"**

"¡Vaya! Muchas veces he visto un gato sin sonrisa,"

thought Alice; "but a grin without a cat! 79.2
pensó Alicia; "¡pero una sonrisa sin gato!

It's the most curious thing I ever saw in my life!" 79.3
Es la cosa más curiosa que he visto en mi vida!"

She had not gone much farther before she came in 80.1
sight of the house of the March Hare:
No se había alejado mucho antes de divisar la casa de la
Liebre de Marzo:

she thought it must be the right house, 80.2
pensó que debía de ser la casa correcta,

because the chimneys were shaped like ears and the 80.3
roof was thatched with fur.
porque las chimeneas tenían forma de orejas y el tejado
estaba cubierto de paja.

It was so large a house, that she did not like to go 80.4
nearer till she had nibbled some more of the lefthand
bit of mushroom, and raised herself to about two feet
high:
Era una casa tan grande, que no quiso acercarse hasta que
hubo mordisqueado un poco más del trozo de seta de la
izquierda, y se elevó a unos dos pies de altura:

even then she walked up towards it rather timidly, 80.5
incluso entonces caminó hacia ella bastante tímidamente,

saying to herself 80.6
diciéndose a sí misma

"Suppose it should be raving mad after all! 80.7
"¡Supongamos que después de todo esté loca de atar!

80.8 I almost wish I'd gone to see the Hatter instead!"

Casi desearía haber ido a ver al Sombrerero!"

# CHAPTER VII. A Mad Tea-Party

CAPÍTULO VII. A Mad Tea-Party

1.1 There was a table set out under a tree in front of the house,

Había una mesa dispuesta bajo un árbol delante de la casa,

1.2 and the March Hare and the Hatter were having tea at it:

y la Liebre de Marzo y el Sombrerero estaban tomando el té en ella:

1.3 a Dormouse was sitting between them, fast asleep, and the other two were using it as a cushion, resting their elbows on it, and talking over its head.

un Lirón estaba sentado entre ellos, profundamente dormido, y los otros dos lo usaban como cojín, apoyando los codos en él y hablando por encima de su cabeza.

1.4 "Very uncomfortable for the Dormouse," thought Alice;

"Muy incómodo para el Lirón," pensó Alicia;

"only, as it's asleep, I suppose it doesn't mind." 1.5

"sólo que, como está dormido, supongo que no le importa."

The table was a large one, 2.1

La mesa era grande,

but the three were all crowded together at one corner of it: 2.2

pero los tres estaban apiñados en una esquina:

"No room! No room!" 2.3

"¡No hay sitio! No hay sitio!"

they cried out when they saw Alice coming. 2.4

gritaron cuando vieron llegar a Alicia.

"There's plenty of room!" said Alice indignantly, 2.5

"¡Hay sitio de sobra!" dijo Alicia indignada,

and she sat down in a large arm-chair at one end of the table. 2.6

y se sentó en un gran sillón en un extremo de la mesa.

"Have some wine," 3.1

"Toma un poco de vino,"

the March Hare said in an encouraging tone. 3.2

dijo la Liebre de Marzo en tono alentador.

Alice looked all round the table, 4.1

Alice miró alrededor de la mesa,

but there was nothing on it but tea. 4.2

pero sólo había té.

4.3 "I don't see any wine," she remarked.
"No veo vino," comentó.

5.1 "There isn't any," said the March Hare.
"No hay," dijo la Liebre de Marzo.

6.1 "Then it wasn't very civil of you to offer it,"
"Entonces no ha sido muy cortés por tu parte ofrecerlo,"

6.2 said Alice angrily.
dijo Alice enfadada.

7.1 "It wasn't very civil of you to sit down without being invited,"
"No ha sido muy cortés por tu parte sentarte sin haber sido invitado,"

7.2 said the March Hare.
dijo la Liebre de Marzo.

8.1 "I didn't know it was your table," said Alice;
"No sabía que era tu mesa," dijo Alicia;

8.2 "it's laid for a great many more than three."
"está puesta para muchos más de tres."

9.1 "Your hair wants cutting," said the Hatter.
"Te quieres cortar el pelo," dijo el Sombrerero.

9.2 He had been looking at Alice for some time with great curiosity,
Llevaba un rato mirando a Alicia con gran curiosidad,

and this was his first speech. 9.3
y ésta fue su primera intervención.

"You should learn not to make personal remarks," 10.1
"Deberías aprender a no hacer comentarios personales,"

Alice said with some severity; 10.2
dijo Alice con cierta severidad;

"it's very rude." 10.3
"es de muy mala educación."

The Hatter opened his eyes very wide on hearing this; 11.1
El Sombrerero abrió mucho los ojos al oír esto;

but all he said was, 11.2
pero lo único que dijo fue,

"Why is a raven like a writing- desk?" 11.3
"¿Por qué un cuervo es como un escritorio?"

"Come, we shall have some fun now!" thought Alice. 12.1
"¡Venga, ahora nos divertiremos!" pensó Alicia.

"I'm glad they've begun asking riddles. 12.2
"Me alegro de que hayan empezado a preguntar
adivinanzas.

— I believe I can guess that," she added aloud. 12.3
— Creo que puedo adivinarlo," añadió en voz alta.

"Do you mean that you think you can find out the 13.1
answer to it?"
"¿Quieres decir que crees que puedes averiguar la
respuesta?"

13.2 **said the March Hare.**
dijo la Liebre de Marzo.

14.1 **"Exactly so," said Alice.**
"Exactamente," dijo Alice.

15.1 **"Then you should say what you mean,"**
"Entonces deberías decir lo que quieres decir,"

15.2 **the March Hare went on.**
continuó la Liebre de Marzo.

16.1 **"I do," Alice hastily replied;**
"Yo sí," se apresuró a contestar Alice;

16.2 **"at least — at least I mean what I say — that's the same thing, you know."**
"al menos - por lo menos digo en serio lo que digo-, que es lo mismo, sabes."

17.1 **"Not the same thing a bit!" said the Hatter.**
"¡No es lo mismo ni un poco!" dijo el Sombrerero.

17.2 **"You might just as well say that 'I see what I eat'**
"¡Igual podrías decir que 'veo lo que como'

17.3 **is the same thing as 'I eat what I see'!"**
es lo mismo que 'como lo que veo'!"

18.1 **"You might just as well say," added the March Hare, "that**
"¡También se podría decir," añadió la Liebre de Marzo, "que

18.2 **'I like what I get' is the same thing as**
'me gusta lo que me dan' es lo mismo que

'I get what I like'!"                                                    18.3
'me dan lo que me gusta'!"

"You might just as well say,"                                           19.1
"¡También se podría decir,"

added the Dormouse, who seemed to be talking in his                     19.2
sleep,
añadió el Lirón, que parecía hablar dormido,

"that 'I breathe when I sleep' is the same thing as                     19.3
"que 'respiro cuando duermo' es lo mismo que

'I sleep when I breathe'!"                                              19.4
'duermo cuando respiro'!"

"It is the same thing with you,"                                        20.1
"A ti te pasa lo mismo,"

said the Hatter, and here the conversation dropped,                     20.2
and the party sat silent for a minute, while Alice
thought over all she could remember about ravens
and writing-desks, which wasn't much.
dijo el Sombrerero, y aquí se interrumpió la conversación,
y el grupo permaneció en silencio durante un minuto,
mientras Alicia pensaba en todo lo que podía recordar
sobre cuervos y escritorios, que no era mucho.

The Hatter was the first to break the silence.                          21.1
El Sombrerero fue el primero en romper el silencio.

"What day of the month is it?"                                          21.2
"¿Qué día del mes es hoy?"

21.3 he said, turning to Alice: he had taken his watch out of his pocket, and was looking at it uneasily, shaking it every now and then, and holding it to his ear.

dijo, volviéndose hacia Alicia; se había sacado el reloj del bolsillo y lo miraba inquieto, sacudiéndolo de vez en cuando y acercándoselo a la oreja.

22.1 Alice considered a little, and then said "The fourth."

Alice se lo pensó un poco y luego dijo: "El cuarto."

23.1 "Two days wrong!" sighed the Hatter.

"¡Dos días equivocados!" suspiró el Sombrerero.

23.2 "I told you butter wouldn't suit the works!"

"¡Te dije que la mantequilla no se adaptaría a las obras!"

23.3 he added looking angrily at the March Hare.

añadió mirando enfadado a la Liebre de Marzo.

24.1 "It was the best butter,"

"Era la mejor mantequilla,"

24.2 the March Hare meekly replied.

respondió mansamente la Liebre de Marzo.

25.1 "Yes, but some crumbs must have got in as well,"

"Sí, pero también deben haber entrado algunas migajas,"

25.2 the Hatter grumbled:

refunfuñó el Sombrerero:

25.3 "you shouldn't have put it in with the bread- knife."

"No deberías haberlas metido con el cuchillo del pan."

The March Hare took the watch and looked at it gloomily: then he dipped it into his cup of tea, and looked at it again: but he could think of nothing better to say than his first remark,

26.1

La Liebre de Marzo cogió el reloj y lo miró sombríamente: luego lo mojó en su taza de té, y volvió a mirarlo: pero no se le ocurrió nada mejor que decir que su primer comentario,

"It was the best butter, you know."

26.2

"Era la mejor mantequilla, ya sabes."

Alice had been looking over his shoulder with some curiosity.

27.1

Alice había estado mirando por encima de su hombro con cierta curiosidad.

"What a funny watch!" she remarked.

27.2

"¡Qué reloj más raro!" comentó.

"It tells the day of the month, and doesn't tell what o'clock it is!"

27.3

"¡Dice el día del mes y no dice qué hora es!"

"Why should it?" muttered the Hatter.

28.1

"¿Por qué debería?" murmuró el Sombrerero.

"Does your watch tell you what year it is?"

28.2

"¿Te dice tu reloj en qué año estamos?"

"Of course not," Alice replied very readily:

29.1

"Por supuesto que no," contestó Alice de muy buen grado:

29.2 "but that's because it stays the same year for such a long time together."

"pero eso es porque sigue siendo el mismo año durante tanto tiempo juntos."

30.1 "Which is just the case with mine," said the Hatter.

"Que es justo el caso del mío," dijo el Sombrerero.

31.1 Alice felt dreadfully puzzled.

Alicia se sintió terriblemente desconcertada.

31.2 The Hatter's remark seemed to have no sort of meaning in it, and yet it was certainly English.

El comentario del Sombrerero no parecía tener ningún sentido y, sin embargo, era ciertamente inglés.

31.3 "I don't quite understand you," she said, as politely as she could.

"No le entiendo - dijo tan cortésmente como pudo.

32.1 "The Dormouse is asleep again," said the Hatter,

"El Lirón está dormido otra vez," dijo el Sombrerero,

32.2 and he poured a little hot tea upon its nose.

y le sirvió un poco de té caliente en la nariz.

33.1 The Dormouse shook its head impatiently, and said, without opening its eyes,

El Lirón sacudió la cabeza con impaciencia y dijo, sin abrir los ojos,

33.2 "Of course, of course;

"Por supuesto, por supuesto;

just what I was going to remark myself." 33.3

justo lo que iba a comentar yo mismo."

"Have you guessed the riddle yet?" the Hatter said, 34.1

"¿Has adivinado ya el acertijo?" dijo el Sombrerero,

turning to Alice again. 34.2

volviéndose de nuevo hacia Alicia.

"No, I give it up," Alice replied: "what's the answer?" 35.1

"No, lo dejo," respondió Alice: "¿cuál es la respuesta?"

"I haven't the slightest idea," said the Hatter. 36.1

"No tengo la menor idea," dijo el Sombrerero.

"Nor I," said the March Hare. 37.1

"Yo tampoco," dijo la Liebre de Marzo.

Alice sighed wearily. 38.1

Alice suspiró cansada.

"I think you might do something better with the time," 38.2

"Creo que podrías hacer algo mejor con el tiempo,"

she said, 38.3

dijo,

"than waste it in asking riddles that have no answers." 38.4

"que perderlo preguntando acertijos que no tienen respuesta."

39.1 **"If you knew Time as well as I do,"** said the Hatter,
"Si conocieras el Tiempo tan bien como yo," dijo el
Sombrerero,

39.2 **"you wouldn't talk about wasting it. It's him."**
"no hablarías de malgastarlo. Es él."

40.1 **"I don't know what you mean,"** said Alice.
"No sé a qué te refieres," dijo Alice.

41.1 **"Of course you don't!"** the Hatter said,
"¡Claro que no!" dijo el Sombrerero,

41.2 **tossing his head contemptuously.**
sacudiendo la cabeza despectivamente.

41.3 **"I dare say you never even spoke to Time!"**
"¡Me atrevería a decir que ni siquiera has hablado con el
Tiempo!"

42.1 **"Perhaps not,"** Alice cautiously replied:
"Quizá no," respondió Alice con cautela:

42.2 **"but I know I have to beat time when I learn music."**
"pero sé que tengo que vencer al tiempo cuando aprendo
música."

43.1 **"Ah! that accounts for it,"** said the Hatter.
"¡Ah! eso lo explica todo," dijo el Sombrerero.

43.2 **"He won't stand beating.**
"No soporta los golpes.

Now, if you only kept on good terms with him, he'd do almost anything you liked with the clock. 43.3

Ahora, si tan sólo te mantuvieras en buenos términos con él, haría casi cualquier cosa que quisieras con el reloj.

For instance, suppose it were nine o'clock in the morning, just time to begin lessons: 43.4

Por ejemplo, supongamos que fuesen las nueve de la mañana, hora de empezar las clases:

you'd only have to whisper a hint to Time, 43.5

¡sólo tendrías que susurrarle una indirecta al Tiempo,

and round goes the clock in a twinkling! 43.6

y el reloj daría vueltas en un abrir y cerrar de ojos!

Half-past one, time for dinner!" 43.7

La una y media, hora de cenar!"

("I only wish it was," 44.1

("Ojalá fuera así,"

the March Hare said to itself in a whisper.) 44.2

se dijo la Liebre de Marzo en un susurro.)

"That would be grand, certainly," said Alice thoughtfully: 45.1

"Sería estupendo, desde luego," dijo Alice pensativa:

"but then — I shouldn't be hungry for it, you know." 45.2

"pero entonces no tendría hambre, ya sabes."

"Not at first, perhaps," said the Hatter: 46.1

"No al principio, tal vez," dijo el Sombrerero:

146

46.2 "but you could keep it to half-past one as long as you liked."

"pero podrías mantenerlo hasta la una y media todo el tiempo que quisieras."

47.1 "Is that the way you manage?" Alice asked.

"¿Así te las arreglas?" preguntó Alice.

48.1 The Hatter shook his head mournfully. "Not I!"

El Sombrerero sacudió la cabeza afligido. "¡Yo no!"

48.2 he replied.

replicó.

48.3 "We quarrelled last March — just before he went mad,

"Discutimos el pasado mes de marzo — justo antes de que se volviera loco,

48.4 you know — " (pointing with his tea spoon at the March Hare,)

sabes — " (señalando con la cuchara de té a la Liebre de Marzo,)

48.5 " — it was at the great concert given by the Queen of Hearts,

" — fue en el gran concierto de la Reina de Corazones,

48.6 and I had to sing

y yo tuve que cantar

| | |
|---|---|
| 'Twinkle, twinkle, little bat. | 'Brilla, brilla, murcielaguito. |
| How I wonder what you're at!' | ¡Cómo me pregunto en qué estás!' |

You know the song, perhaps?"
¿Conoces la canción, tal vez?"

50.1

"I've heard something like it," said Alice.
"He oído algo parecido," dijo Alice.

51.1

"It goes on, you know," the Hatter continued,
"Sucede, sabes," continuó el Sombrerero,

52.1

"in this way:-
"de esta manera:-

52.2

'Up above the world you fly,     Vuelas por encima del
                                 mundo,

Like a tea-tray in the sky.      Como una bandeja de té
                                 en el cielo.

Twinkle, twinkle — "'            Brilla, brilla..."

Here the Dormouse shook itself, and began singing in
its sleep
Aquí el Lirón se sacudió y empezó a cantar dormido

54.1

"Twinkle, twinkle, twinkle, twinkle — "
"Brilla, brilla, brilla, brilla — "

54.2

and went on so long that they had to pinch it to make
it stop.
y siguió tanto tiempo que tuvieron que pellizcarlo para que
parara.

54.3

"Well, I'd hardly finished the first verse," said the
Hatter,
"Apenas había terminado el primer verso," dijo el
Sombrerero,

55.1

55.2 "when the Queen jumped up and bawled out,
"cuando la Reina saltó y gritó,

55.3 'He's murdering the time! Off with his head! "'
'¡Está matando el tiempo! Que le corten la cabeza'!"

56.1 "How dreadfully savage!" exclaimed Alice.
"¡Qué terriblemente salvaje!" exclamó Alicia.

57.1 "And ever since that," the Hatter went on in a mournful tone,
"Y desde entonces," continuó el Sombrerero en tono afligido,

57.2 "he won't do a thing I ask!
"¡no hace nada de lo que le pido!

57.3 It's always six o'clock now."
Ahora siempre son las seis."

58.1 A bright idea came into Alice's head.
A Alice se le ocurrió una brillante idea.

58.2 "Is that the reason so many tea-things are put out here?"
"¿Es esa la razón por la que se ponen tantas cosas de té aquí?"

58.3 she asked.
preguntó.

59.1 "Yes, that's it," said the Hatter with a sigh:
"Sí, eso es," dijo el Sombrerero con un suspiro:

"it's always tea-time, 59.2

"Siempre es la hora del té,

and we've no time to wash the things between 59.3
whiles."

y no tenemos tiempo para lavar las cosas entre horas."

"Then you keep moving round, I suppose?" said Alice. 60.1

"Entonces, ¿sigues dando vueltas, supongo?" dijo Alice.

"Exactly so," said the Hatter: 61.1

"Exactamente así," dijo el Sombrerero:

"as the things get used up." 61.2

"a medida que las cosas se van gastando."

"But what happens when you come to the beginning 62.1
again?"

"¿Pero qué pasa cuando vuelves al principio?"

Alice ventured to ask. 62.2

se aventuró a preguntar Alicia.

"Suppose we change the subject," the March Hare 63.1
interrupted,

"Cambiemos de tema," interrumpió la Liebre de Marzo,

yawning. "I'm getting tired of this. 63.2

bostezando. "Me estoy cansando de esto.

I vote the young lady tells us a story." 63.3

Voto por que la joven nos cuente un cuento."

64.1 "I'm afraid I don't know one," said Alice,

"Me temo que no conozco a ninguno," dijo Alice,

64.2 rather alarmed at the proposal.

bastante alarmada por la propuesta.

65.1 "Then the Dormouse shall!" they both cried. "Wake up,

"¡Entonces el Lirón lo hará!" gritaron ambos. "¡Despierta,

65.2 Dormouse!" And they pinched it on both sides at once.

Lirón!" Y lo pellizcaron por ambos lados a la vez.

66.1 The Dormouse slowly opened his eyes. "I wasn't asleep,"

El Lirón abrió lentamente los ojos. "No estaba dormido,"

66.2 he said in a hoarse, feeble voice:

dijo con voz ronca y débil:

66.3 "I heard every word you fellows were saying."

"Oí cada palabra que ustedes decían."

67.1 "Tell us a story!" said the March Hare.

"¡Cuéntanos un cuento!" dijo la Liebre de Marzo.

68.1 "Yes, please do!" pleaded Alice.

"¡Sí, por favor!" suplicó Alice.

69.1 "And be quick about it," added the Hatter,

"Y date prisa," añadió el Sombrerero,

"or you'll be asleep again before it's done."                    69.2
"o volverás a estar dormido antes de que termine."

"Once upon a time there were three little sisters,"             70.1
"Había una vez tres hermanitas - comenzó el Lirón muy
apurado,"

the Dormouse began in a great hurry;                            70.2
se llamaban Elsie:

"and their names were Elsie, Lacie, and Tillie; and           70.3
they lived at the bottom of a well — "
"Lacie y Tillie, y vivían en el fondo de un pozo — "

"What did they live on?" said Alice,                            71.1
"¿De qué vivían?" dijo Alice,

who always took a great interest in questions of              71.2
eating and drinking.
que siempre se interesaba mucho por las cuestiones
relacionadas con la comida y la bebida.

"They lived on treacle," said the Dormouse,                    72.1
"Vivían a base de melaza," dijo el Lirón,

after thinking a minute or two.                                72.2
después de pensárselo un par de minutos.

"They couldn't have done that, you know,"                      73.1
"No podrían haberlo hecho, sabes,"

Alice gently remarked; "they'd have been ill."                 73.2
comentó Alice suavemente; "habrían estado enfermos."

74.1 "So they were," said the Dormouse; "very ill."

"Así estaban," dijo el Lirón; "muy enfermos."

75.1 Alice tried to fancy to herself what such an extraordinary ways of living would be like, but it puzzled her too much, so she went on:

Alicia trató de imaginarse cómo sería una forma de vida tan extraordinaria, pero la desconcertó demasiado, así que continuó:

75.2 "But why did they live at the bottom of a well?"

"Pero, ¿por qué vivían en el fondo de un pozo?"

76.1 "Take some more tea," the March Hare said to Alice,

"Toma un poco más de té," le dijo la Liebre de Marzo a Alicia,

76.2 very earnestly.

muy seria.

77.1 "I've had nothing yet," Alice replied in an offended tone,

"Todavía no he tomado nada," replicó Alice en tono ofendido,

77.2 "so I can't take more."

"así que no puedo tomar más."

78.1 "You mean you can't take less," said the Hatter:

"Quieres decir que no puedes tomar menos," dijo el Sombrerero:

78.2 "it's very easy to take more than nothing."

"es muy fácil tomar más que nada."

"Nobody asked your opinion," said Alice.                    79.1

"Nadie te ha pedido tu opinión," dijo Alice.

"Who's making personal remarks now?"                       80.1

"¿Quién hace ahora comentarios personales?"

the Hatter asked triumphantly.                             80.2

preguntó triunfante el Sombrerero.

Alice did not quite know what to say to this: so she       81.1
helped herself to some tea and bread-and-butter,
and then turned to the Dormouse, and repeated her
question.

Alicia no supo qué responder a esto, así que se sirvió un
poco de té y pan con mantequilla, y luego se volvió hacia el
Lirón y repitió su pregunta.

"Why did they live at the bottom of a well?"               81.2

"¿Por qué vivían en el fondo de un pozo?"

The Dormouse again took a minute or two to think           82.1
about it, and then said,

El Lirón volvió a tomarse uno o dos minutos para pensarlo
y luego dijo,

"It was a treacle- well."                                  82.2

"Era un pozo de melaza."

"There's no such thing!" Alice was beginning very          83.1
angrily,

"¡No hay tal cosa!" Alicia empezaba muy enfadada,

but the Hatter and the March Hare went "Sh! sh!"           83.2

pero el Sombrerero y la Liebre de Marzo hicieron "¡Sh! ¡sh!"

83.3 and the Dormouse sulkily remarked, "If you can't be civil,

y el Lirón comentó enfurruñado: "Si no puedes ser civilizado,

83.4 you'd better finish the story for yourself."

será mejor que termines el cuento tú solo."

84.1 "No, please go on!" Alice said very humbly;

"¡No, por favor, continúa!" dijo Alice muy humildemente;

84.2 "I won't interrupt again.

"No volveré a interrumpir.

84.3 I dare say there may be one."

Me atrevo a decir que puede haber una."

85.1 "One, indeed!" said the Dormouse indignantly. However,

"¡Uno, desde luego!" dijo indignado el Lirón. Sin embargo,

85.2 he consented to go on.

consintió en continuar.

85.3 "And so these three little sisters — they were learning to draw, you know — "

"Y así, estas tres hermanitas — estaban aprendiendo a dibujar, ya sabes — "

86.1 "What did they draw?" said Alice,

"¿Qué dibujaron?" dijo Alicia,

86.2 quite forgetting her promise.

olvidando por completo su promesa.

"Treacle," said the Dormouse,                                    87.1
"Melaza," dijo el Lirón,

without considering at all this time.                            87.2
sin pensárselo esta vez.

"I want a clean cup," interrupted the Hatter:                    88.1
"Quiero una taza limpia," interrumpió el Sombrerero:

"let's all move one place on."                                   88.2
"avancemos todos un lugar."

He moved on as he spoke, and the Dormouse followed               89.1
him: the March Hare moved into the Dormouse's
place, and Alice rather unwillingly took the place of
the March Hare.
El Sombrerero avanzó mientras hablaba, y el Lirón lo
siguió; la Liebre de Marzo ocupó el lugar del Lirón, y Alicia,
de mala gana, ocupó el lugar de la Liebre de Marzo.

The Hatter was the only one who got any advantage                89.2
from the change: and Alice was a good deal worse
off than before, as the March Hare had just upset the
milk-jug into his plate.
El Sombrerero fue el único que sacó alguna ventaja del
cambio, y Alicia estaba mucho peor que antes, pues la
Liebre de Marzo acababa de volcar la jarra de leche en su
plato.

Alice did not wish to offend the Dormouse again,                 90.1
Alicia no deseaba ofender de nuevo al Lirón,

so she began very cautiously: "But I don't                       90.2
understand.
así que empezó con mucha cautela: "Pero no entiendo.

90.3 Where did they draw the treacle from?"
¿De dónde sacaron la melaza?"

91.1 "You can draw water out of a water-well," said the Hatter;
"Puedes sacar agua de un pozo de agua," dijo el Sombrerero;

91.2 "so I should think you could draw treacle out of a treacle-well — eh,
"así que creo que podrías sacar melaza de un pozo de melaza ...¿eh,

91.3 stupid?"
estúpido?"

92.1 "But they were in the well," Alice said to the Dormouse,
"Pero estaban en el pozo," le dijo Alicia al Lirón,

92.2 not choosing to notice this last remark.
sin reparar en este último comentario.

93.1 "Of course they were," said the Dormouse; " — well in."
"Por supuesto que sí," dijo el Lirón; " — bien adentro."

94.1 This answer so confused poor Alice,
Esta respuesta confundió tanto a la pobre Alicia,

94.2 that she let the Dormouse go on for some time without interrupting it.
que dejó que el Lirón siguiera un rato sin interrumpirlo.

95.1 "They were learning to draw,"
"Aprendían a dibujar,"

the Dormouse went on, yawning and rubbing its eyes, for it was getting very sleepy; 95.2

continuó el Lirón, bostezando y frotándose los ojos, pues le estaba entrando mucho sueño;

"and they drew all manner of things — everything that begins with an M — " 95.3

"y dibujaban todo tipo de cosas: todo lo que empieza por M..."

"Why with an M?" said Alice. 96.1

"¿Por qué con M?" dijo Alice.

"Why not?" said the March Hare. 97.1

"¿Por qué no?" dijo la Liebre de Marzo.

Alice was silent. 98.1

Alice guardó silencio.

The Dormouse had closed its eyes by this time, and was going off into a doze; 99.1

El Lirón ya había cerrado los ojos y se estaba durmiendo;

but, on being pinched by the Hatter, it woke up again with a little shriek, and went on: 99.2

pero, al ser pellizcado por el Sombrerero, se despertó de nuevo con un gritito y continuó:

" — that begins with an M, such as mouse-traps, and the moon, and memory, and muchness — you know you say things are 99.3

"-que empiece por M, como las trampas para ratones, y la luna, y la memoria, y la muchedumbre - sabes que dices que las cosas son

99.4 "much of a muchness" — did you ever see such a thing as a drawing of a muchness?"

"mucho de mucho" — ¿has visto alguna vez algo así como un dibujo de mucho?"

100.1 "Really, now you ask me,"

"De verdad, ahora que me lo preguntas,"

100.2 said Alice, very much confused, "I don't think — "

dijo Alice, muy confusa, "no creo que — "

101.1 "Then you shouldn't talk," said the Hatter.

"Entonces no deberías hablar," dijo el Sombrerero.

102.1 This piece of rudeness was more than Alice could bear:

Esta grosería fue más de lo que Alicia pudo soportar:

102.2 she got up in great disgust, and walked off;

se levantó muy disgustada y se marchó;

102.3 the Dormouse fell asleep instantly, and neither of the others took the least notice of her going, though she looked back once or twice, half hoping that they would call after her:

el Lirón se durmió al instante, y ninguno de los otros hizo el menor caso de su marcha, aunque ella miró hacia atrás una o dos veces, con la esperanza de que la llamaran:

102.4 the last time she saw them,

la última vez que los vio,

102.5 they were trying to put the Dormouse into the teapot.

estaban intentando meter al Lirón en la tetera.

"At any rate I'll never go there again!" 103.1
"En cualquier caso, no volveré a ir,"

said Alice as she picked her way through the wood. 103.2
dijo Alicia mientras atravesaba el bosque.

"It's the stupidest tea-party I ever was at in all my 103.3
life!"
"¡Es la fiesta de té más estúpida en la que he estado en toda
mi vida!"

Just as she said this, 104.1
Al decir esto,

she noticed that one of the trees had a door leading 104.2
right into it.
se dio cuenta de que uno de los árboles tenía una puerta que
daba directamente al interior.

"That's very curious!" she thought. 104.3
"¡Qué curioso!" pensó.

"But everything's curious today. 104.4
"Pero hoy todo es curioso.

I think I may as well go in at once." And in she went. 104.5
Creo que será mejor que entre." Y entró.

Once more she found herself in the long hall, 105.1
Una vez más se encontró en el largo vestíbulo,

and close to the little glass table. 105.2
cerca de la mesita de cristal.

"Now, I'll manage better this time," 105.3
"Esta vez me las arreglaré mejor,"

105.4 she said to herself, and began by taking the little golden key, and unlocking the door that led into the garden.

se dijo, y empezó por coger la llavecita dorada y abrir la puerta que daba al jardín.

105.5 Then she went to work nibbling at the mushroom (she had kept a piece of it in her pocket) till she was about a foot high: then she walked down the little passage: and then — she found herself at last in the beautiful garden, among the bright flower-beds and the cool fountains.

Luego se dedicó a mordisquear la seta (había guardado un trozo en el bolsillo) hasta que tuvo unos treinta centímetros de altura; luego bajó por el pequeño pasadizo, y entonces se encontró por fin en el hermoso jardín, entre los brillantes parterres y las frescas fuentes.

# CHAPTER VIII. The Queen's Croquet-Ground

CAPÍTULO VIII. El Campo de Croquet de la Reina

1.1 A large rose-tree stood near the entrance of the garden: the roses growing on it were white, but there were three gardeners at it, busily painting them red.

Cerca de la entrada del jardín había un gran rosal; las rosas que crecían en él eran blancas, pero tres jardineros las pintaban afanosamente de rojo.

1.2 Alice thought this a very curious thing, and she went nearer to watch them, and just as she came up to them she heard one of them say,

A Alicia le pareció una cosa muy curiosa, y se acercó para observarlos, y justo cuando estaba a su altura oyó que uno de ellos decía,

1.3 "Look out now, Five!

"¡Cuidado, Cinco!

1.4 Don't go splashing paint over me like that!"

No me salpiques así con la pintura!"

"I couldn't help it," said Five, in a sulky tone; 2.1

"No he podido evitarlo," dijo Cinco, en tono enfurruñado;

"Seven jogged my elbow." 2.2

"Siete me ha dado un codazo."

On which Seven looked up and said, "That's right, Five! 3.1

A lo que Siete levantó la vista y dijo: "¡Eso es, Cinco!

Always lay the blame on others!" 3.2

Siempre echando la culpa a los demás!"

"You'd better not talk!" said Five. 4.1

"¡Será mejor que no hables!" dijo Cinco.

"I heard the Queen say only yesterday you deserved to be beheaded!" 4.2

"¡Escuché a la Reina decir ayer que merecías ser decapitado!"

"What for?" said the one who had spoken first. 5.1

"¿Para qué?" dijo el que había hablado primero.

"That's none of your business, Two!" said Seven. 6.1

"¡Eso no es asunto tuyo, Dos!" dijo Siete.

"Yes, it is his business!" said Five, 7.1

"¡Sí, es asunto suyo!" dijo Cinco,

"and I'll tell him — it was for bringing the cook tulip-roots instead of onions." 7.2

"y se lo diré: fue por traerle a la cocinera raíces de tulipán en vez de cebollas."

8.1 Seven flung down his brush, and had just begun
Siete soltó el pincel y acababa de empezar

8.2 "Well, of all the unjust things — "
"Bueno, de todas las cosas injustas — ,"

8.3 when his eye chanced to fall upon Alice, as she stood watching them, and he checked himself suddenly:
cuando por casualidad sus ojos se fijaron en Alicia, que los observaba de pie, y se contuvo de repente:

8.4 the others looked round also, and all of them bowed low.
los demás también miraron a su alrededor y todos se inclinaron.

9.1 "Would you tell me," said Alice, a little timidly,
"¿Me dirías," dijo Alicia, un poco tímidamente,

9.2 "why you are painting those roses?"
"por qué estás pintando esas rosas?"

10.1 Five and Seven said nothing, but looked at Two.
Cinco y Siete no dijeron nada, pero miraron a Dos.

10.2 Two began in a low voice,
Dos empezó a hablar en voz baja:

10.3 "Why the fact is, you see, Miss, this here ought to have been a red rose-tree, and we put a white one in by mistake;
"El caso es que, como ve, señorita, esto debería haber sido un rosal rojo, y pusimos uno blanco por error;

and if the Queen was to find it out, we should all have our heads cut off, you know.

10.4

y si la Reina lo descubriera, nos cortarían la cabeza a todos, sabe.

So you see, Miss, we're doing our best, afore she comes, to — "

10.5

Así que ya ve, señorita, estamos haciendo todo lo posible, antes de que venga, para — "

At this moment Five, who had been anxiously looking across the garden, called out

10.6

En ese momento Cinco, que había estado mirando ansiosamente a través del jardín, gritó

"The Queen! The Queen!"

10.7

"¡La Reina! La Reina!"

and the three gardeners instantly threw themselves flat upon their faces.

10.8

y los tres jardineros se echaron de bruces al instante.

There was a sound of many footsteps, and Alice looked round, eager to see the Queen.

10.9

Se oyeron muchos pasos y Alicia miró a su alrededor, ansiosa por ver a la Reina.

First came ten soldiers carrying clubs;

11.1

Primero salieron diez soldados que llevaban palos;

these were all shaped like the three gardeners, oblong and flat, with their hands and feet at the corners:

11.2

todos ellos tenían la forma de los tres jardineros, oblongos y planos, con las manos y los pies en las esquinas:

next the ten courtiers;

11.3

a continuación, los diez cortesanos;

11.4 **these were ornamented all over with diamonds, and walked two and two, as the soldiers did.**

éstos estaban adornados por todas partes con diamantes, y caminaban de dos en dos, como los soldados.

11.5 **After these came the royal children; there were ten of them, and the little dears came jumping merrily along hand in hand, in couples:**

Después venían los niños reales, que eran diez, y los pequeñuelos venían saltando alegremente de la mano, en parejas:

11.6 **they were all ornamented with hearts.**

todos estaban adornados con corazones.

11.7 **Next came the guests, mostly Kings and Queens, and among them Alice recognised the White Rabbit:**

Luego vinieron los invitados, en su mayoría reyes y reinas, y entre ellos Alicia reconoció al Conejo Blanco:

11.8 **it was talking in a hurried nervous manner, smiling at everything that was said, and went by without noticing her.**

hablaba de un modo apresurado y nervioso, sonriendo a todo lo que se decía, y pasó de largo sin reparar en ella.

11.9 **Then followed the Knave of Hearts,**

Luego siguió el Bribón de Corazones,

11.10 **carrying the King's crown on a crimson velvet cushion;**

llevando la corona del Rey sobre un cojín de terciopelo carmesí;

and, last of all this grand procession, came THE KING AND QUEEN OF HEARTS.

11.11

y, al final de todo este gran cortejo, llegaron EL REY Y LA REINA DE CORAZONES.

Alice was rather doubtful whether she ought not to lie down on her face like the three gardeners,

12.1

Alicia dudaba si no debía echarse de bruces como los tres jardineros,

but she could not remember ever having heard of such a rule at processions;

12.2

pero no recordaba haber oído nunca semejante regla en las procesiones;

"and besides, what would be the use of a procession," thought she, "if people had all to lie down upon their faces, so that they couldn't see it?"

12.3

"y además, ¿para qué serviría una procesión - pensó - si toda la gente tuviera que echarse de bruces, para que no la vieran?"

So she stood still where she was, and waited.

12.4

Así que se quedó quieta donde estaba y esperó.

When the procession came opposite to Alice, they all stopped and looked at her, and the Queen said severely

13.1

Cuando la comitiva llegó frente a Alicia, todos se detuvieron y la miraron, y la Reina dijo severamente

"Who is this?" She said it to the Knave of Hearts,

13.2

"¿Quién es ésta?" Se lo dijo al Bribón de Corazones,

who only bowed and smiled in reply.

13.3

que sólo se inclinó y sonrió en respuesta.

14.1 "Idiot!" said the Queen, tossing her head impatiently;
"¡Idiota!" dijo la Reina, sacudiendo la cabeza con impaciencia;

14.2 and, turning to Alice, she went on, "What's your name,
y, volviéndose hacia Alicia, prosiguió: "¿Cómo te llamas,

14.3 child?"
niña?"

15.1 "My name is Alice, so please your Majesty,"
"Me llamo Alicia, por favor, Majestad,"

15.2 said Alice very politely; but she added, to herself,
dijo Alicia muy cortésmente; pero añadió, para sí misma,

15.3 "Why, they're only a pack of cards, after all.
"Vaya, después de todo sólo son una baraja de cartas.

15.4 I needn't be afraid of them!"
No tengo por qué tenerles miedo!"

16.1 "And who are these?" said the Queen,
"¿Y quiénes son éstos?" dijo la Reina,

16.2 pointing to the three gardeners who were lying round the rose-tree;
señalando a los tres jardineros que yacían alrededor del rosal;

for, you see, as they were lying on their faces, and the   16.3
pattern on their backs was the same as the rest of the
pack, she could not tell whether they were gardeners,
or soldiers, or courtiers, or three of her own children.

porque, como estaban tendidos de bruces, y el dibujo de sus
espaldas era igual al del resto de la manada, no podía saber
si eran jardineros, o soldados, o cortesanos, o tres de sus
propios hijos.

"How should I know?" said Alice,   17.1

"¿Cómo voy a saberlo?" dijo Alice,

surprised at her own courage. "It's no business of   17.2
mine."

sorprendida de su propio valor. "No es asunto mío."

The Queen turned crimson with fury, and, after   18.1
glaring at her for a moment like a wild beast,
screamed

La Reina se puso roja de furia y, tras mirarla un momento
como una fiera, gritó

"Off with her head! Off — "   18.2

"¡Córtenle la cabeza! Fuera — "

"Nonsense!"   19.1

"¡Tonterías!"

said Alice, very loudly and decidedly, and the Queen   19.2
was silent.

dijo Alicia en voz muy alta y decidida, y la Reina guardó
silencio.

20.1 The King laid his hand upon her arm, and timidly said

El Rey le puso la mano en el brazo y le dijo tímidamente

20.2 "Consider, my dear: she is only a child!"

"¡Considera, querida: es sólo una niña!"

21.1 The Queen turned angrily away from him, and said to the Knave

La Reina se apartó airadamente de él y dijo al Bribón

21.2 "Turn them over!"

"¡Dales la vuelta!"

22.1 The Knave did so, very carefully, with one foot.

El Bribón lo hizo, con mucho cuidado, con un pie.

23.1 "Get up!"

"¡Levantaos!"

23.2 said the Queen, in a shrill, loud voice, and the three gardeners instantly jumped up, and began bowing to the King, the Queen, the royal children, and everybody else.

dijo la Reina con voz aguda y fuerte, y los tres jardineros saltaron al instante y comenzaron a hacer reverencias al Rey, a la Reina, a los niños reales y a todos los demás.

24.1 "Leave off that!" screamed the Queen. "You make me giddy."

"¡Deja eso!" gritó la Reina. "Me das vértigo."

24.2 And then, turning to the rose-tree, she went on,

Y luego, volviéndose hacia el rosal, prosiguió,

"What have you been doing here?"    24.3

"¿Qué has estado haciendo aquí?"

"May it please your Majesty,"    25.1

"Con la venia de Su Majestad,"

said Two, in a very humble tone, going down on one    25.2
knee as he spoke,

dijo Dos en tono muy humilde, arrodillándose al hablar,

"we were trying — "    25.3

"intentábamos — "

"I see!" said the Queen,    26.1

"¡Ya veo!" dijo la Reina,

who had meanwhile been examining the roses.    26.2

que mientras tanto había estado examinando las rosas.

"Off with their heads!"    26.3

"¡Que les corten la cabeza!"

and the procession moved on, three of the soldiers    26.4
remaining behind to execute the unfortunate
gardeners, who ran to Alice for protection.

y la procesión siguió adelante, tres de los soldados
se quedaron atrás para ejecutar a los desafortunados
jardineros, que corrieron hacia Alicia en busca de
protección.

"You shan't be beheaded." said Alice,    27.1

"No os decapitarán." dijo Alicia,

and she put them into a large flower-pot that stood    27.2
near.

y los puso en una gran maceta que había cerca.

27.3 The three soldiers wandered about for a minute or two, looking for them, and then quietly marched off after the others.

Los tres soldados anduvieron un par de minutos buscándolos y luego marcharon en silencio tras los demás.

28.1 "Are their heads off?" shouted the Queen.

"¿Les han arrancado la cabeza?" gritó la Reina.

29.1 "Their heads are gone, if it please your Majesty!"

"¡Sus cabezas se han ido, si le place a su Majestad!"

29.2 the soldiers shouted in reply.

gritaron los soldados en respuesta.

30.1 "That's right!" shouted the Queen. "Can you play croquet?"

"¡Eso es!" gritó la Reina. "¿Sabes jugar al croquet?"

31.1 The soldiers were silent, and looked at Alice, as the question was evidently meant for her.

Los soldados guardaron silencio y miraron a Alicia, pues la pregunta iba dirigida evidentemente a ella.

32.1 "Yes!" shouted Alice.

"¡Sí!" gritó Alice.

33.1 "Come on, then!"

"¡Vamos, entonces!"

roared the Queen, and Alice joined the procession, wondering very much what would happen next. 33.2

rugió la Reina, y Alicia se unió a la procesión, preguntándose mucho qué pasaría a continuación.

"It's — it's a very fine day." said a timid voice at her side. 34.1

"Hace muy buen día." dijo una tímida voz a su lado.

She was walking by the White Rabbit, 34.2

Caminaba junto al Conejo Blanco,

who was peeping anxiously into her face. 34.3

que la miraba ansiosamente a la cara.

"Very," said Alice: " — where's the Duchess?" 35.1

"Mucho," dijo Alicia: " — ¿Dónde está la Duquesa?"

"Hush! Hush!" 36.1

"¡Silencio! ¡Silencio!"

said the Rabbit in a low, hurried tone. 36.2

dijo el Conejo en un tono bajo y apresurado.

He looked anxiously over his shoulder as he spoke, and then raised himself upon tiptoe, put his mouth close to her ear, and whispered 36.3

Miró ansiosamente por encima de su hombro mientras hablaba, y luego se puso de puntillas, acercó la boca a su oído y susurró

"She's under sentence of execution." 36.4

"Está condenada a muerte."

37.1 "What for?" said Alice.

"¿Para qué?" dijo Alicia.

38.1 "Did you say 'What a pity!'?" the Rabbit asked.

"¿Has dicho '¡Qué lástima!'?" preguntó el Conejo.

39.1 "No, I didn't," said Alice:

"No, no lo hice," dijo Alice:

39.2 "I don't think it's at all a pity. I said 'What for? "'

"No creo que sea en absoluto una pena. Dije: "¿Para qué?"

40.1 "She boxed the Queen's ears — " the Rabbit began.

"Le pegó en las orejas a la Reina," empezó el Conejo.

40.2 Alice gave a little scream of laughter. "Oh, hush!"

Alicia lanzó un pequeño grito de risa. "¡Oh, silencio!"

40.3 the Rabbit whispered in a frightened tone.

susurró el Conejo en tono asustado.

40.4 "The Queen will hear you!

"La Reina te va a oír!

40.5 You see, she came rather late, and the Queen said — "

Verás, llegó bastante tarde, y la Reina dijo — "

41.1 "Get to your places!"

"¡A sus puestos!"

41.2 shouted the Queen in a voice of thunder, and people began running about in all directions, tumbling up against each other;

gritó la Reina con voz de trueno, y la gente empezó a correr en todas direcciones, dando tumbos unos contra otros;

however, they got settled down in a minute or two, and the game began.

41.3

sin embargo, se acomodaron en un minuto o dos, y empezó el juego.

Alice thought she had never seen such a curious croquet-ground in her life;

41.4

Alicia pensó que no había visto en su vida un campo de croquet tan curioso;

it was all ridges and furrows;

41.5

era todo crestas y surcos;

the balls were live hedgehogs, the mallets live flamingoes, and the soldiers had to double themselves up and to stand on their hands and feet, to make the arches.

41.6

las pelotas eran erizos vivos, los mazos flamencos vivos, y los soldados tenían que doblarse y ponerse de pie sobre manos y pies, para hacer los arcos.

42.1 The chief difficulty Alice found at first was in managing her flamingo: she succeeded in getting its body tucked away, comfortably enough, under her arm, with its legs hanging down, but generally, just as she had got its neck nicely straightened out, and was going to give the hedgehog a blow with its head, it would twist itself round and look up in her face, with such a puzzled expression that she could not help bursting out laughing: and when she had got its head down, and was going to begin again, it was very provoking to find that the hedgehog had unrolled itself, and was in the act of crawling away: besides all this, there was generally a ridge or furrow in the way wherever she wanted to send the hedgehog to, and, as the doubled-up soldiers were always getting up and walking off to other parts of the ground, Alice soon came to the conclusion that it was a very difficult game indeed.

La principal dificultad con que se encontró Alicia al principio fue la de manejar a su flamenco: consiguió meterle el cuerpo, bastante cómodamente, bajo el brazo, con las patas colgando, pero, por lo general, justo cuando le había enderezado bien el cuello e iba a darle al erizo un golpe con la cabeza, éste se retorcía y la miraba a la cara, con una expresión tan desconcertada que no podía evitar soltar una carcajada: Y cuando bajaba la cabeza e iba a empezar de nuevo, resultaba muy provocador ver que el erizo se había desenrollado y estaba a punto de arrastrarse; además de todo esto, solía haber una cresta o un surco en el camino hacia donde quería enviar al erizo, y como los soldados doblados se levantaban continuamente y se iban a otras partes del terreno, Alicia llegó pronto a la conclusión de que era un juego muy difícil.

The players all played at once without waiting for turns, quarrelling all the while, and fighting for the hedgehogs; 43.1

Los jugadores jugaron todos a la vez sin esperar turno, peleándose todo el tiempo, y luchando por los erizos;

and in a very short time the Queen was in a furious passion, and went stamping about, and shouting 43.2

y en muy poco tiempo la Reina estaba en una furiosa pasión, y fue dando pisotones, y gritando

"Off with his head!" or "Off with her head!" 43.3

"¡Fuera su cabeza!" o "¡Fuera su cabeza!"

about once in a minute. 43.4

aproximadamente una vez cada minuto.

Alice began to feel very uneasy: 44.1

Alicia comenzó a sentirse muy intranquila:

to be sure, she had not as yet had any dispute with the Queen, but she knew that it might happen any minute, 44.2

a decir verdad, todavía no había tenido ninguna disputa con la Reina, pero sabía que podría ocurrir en cualquier momento,

"and then," thought she, "what would become of me? 44.3

"y entonces," pensó, "¿qué sería de mí?

They're dreadfully fond of beheading people here; 44.4

Aquí son terriblemente aficionados a decapitar a la gente;

the great wonder is, that there's any one left alive!" 44.5

¡la gran maravilla es que quede alguien vivo!"

45.1 She was looking about for some way of escape, and wondering whether she could get away without being seen, when she noticed a curious appearance in the air: it puzzled her very much at first, but, after watching it a minute or two, she made it out to be a grin, and she said to herself

Estaba buscando alguna forma de escapar, y preguntándose si podría escaparse sin ser vista, cuando notó una curiosa aparición en el aire: al principio la desconcertó mucho, pero, después de observarla un minuto o dos, se dio cuenta de que era una sonrisa, y se dijo a sí misma

45.2 "It's the Cheshire Cat:

"Es el Gato de Cheshire:

45.3 now I shall have somebody to talk to."

ahora tendré alguien con quien hablar."

46.1 "How are you getting on?"

"¿Cómo te va?"

46.2 said the Cat, as soon as there was mouth enough for it to speak with.

dijo el Gato en cuanto tuvo boca suficiente para hablar.

47.1 Alice waited till the eyes appeared, and then nodded.

Alice esperó a que aparecieran los ojos y asintió.

47.2 "It's no use speaking to it," she thought,

"Es inútil hablarle," pensó,

47.3 "till its ears have come, or at least one of them."

"hasta que aparezcan las orejas, o al menos una de ellas."

In another minute the whole head appeared, and then Alice put down her flamingo, and began an account of the game, feeling very glad she had someone to listen to her. 47.4

Al cabo de un minuto apareció toda la cabeza, y entonces Alicia dejó su flamenco y comenzó a relatar el juego, sintiéndose muy contenta de tener a alguien que la escuchara.

The Cat seemed to think that there was enough of it now in sight, 47.5

El Gato pareció pensar que ya había bastante a la vista,

and no more of it appeared. 47.6

y no apareció más.

"I don't think they play at all fairly," Alice began, in rather a complaining tone, "and they all quarrel so dreadfully one can't hear oneself speak — and they don't seem to have any rules in particular; 48.1

"No creo que jueguen limpio - comenzó Alicia, en tono de queja-, y todos se pelean tan horriblemente que uno no puede oírse hablar, y no parecen tener reglas en particular;

at least, if there are, nobody attends to them — and you've no idea how confusing it is all the things being alive; 48.2

al menos, si las hay, nadie las respeta, y no tienes idea de lo confuso que es que todas las cosas estén vivas;

48.3 for instance, there's the arch I've got to go through next walking about at the other end of the ground — and I should have croqueted the Queen's hedgehog just now, only it ran away when it saw mine coming!"

por ejemplo, está el arco que tengo que atravesar después de caminar por el otro extremo del terreno, y debería haberle hecho croquet al erizo de la Reina hace un momento, ¡sólo que se escapó cuando vio venir el mío!"

49.1 "How do you like the Queen?" said the Cat in a low voice.

"¿Qué te parece la Reina?" dijo el Gato en voz baja.

50.1 "Not at all," said Alice: "she's so extremely — "

"En absoluto," dijo Alicia: "es tan sumamente — "

50.2 Just then she noticed that the Queen was close behind her,

En ese momento se dio cuenta de que la Reina la seguía de cerca,

50.3 listening: so she went on, " — likely to win,

escuchando: así que continuó, " — Es tan probable que gane,

50.4 that it's hardly worth while finishing the game."

que casi no vale la pena terminar el juego."

51.1 The Queen smiled and passed on.

La Reina sonrió y siguió adelante.

52.1 "Who are you talking to?"

"¿Con quién estás hablando?"

said the King, going up to Alice, and looking at the Cat's head with great curiosity. 52.2

dijo el Rey, acercándose a Alicia, y mirando la cabeza del Gato con gran curiosidad.

"It's a friend of mine — a Cheshire Cat," said Alice: 53.1

"Es un amigo mío: el Gato de Cheshire," dijo Alicia:

"allow me to introduce it." 53.2

"permíteme que te lo presente."

"I don't like the look of it at all," said the King: 54.1

"No me gusta nada su aspecto," dijo el Rey:

"however, it may kiss my hand if it likes." 54.2

"Sin embargo, puede besarme la mano si quiere."

"I'd rather not," the Cat remarked. 55.1

"Preferiría que no," comentó el Gato.

"Don't be impertinent," said the King, 56.1

"No seas impertinente," dijo el Rey,

"and don't look at me like that!" 56.2

"¡y no me mires así!"

He got behind Alice as he spoke. 56.3

Se puso detrás de Alicia mientras hablaba.

"A cat may look at a king," said Alice. 57.1

"Un gato puede mirar a un rey," dijo Alicia.

57.2 "I've read that in some book, but I don't remember where."

"Lo he leído en algún libro, pero no recuerdo dónde."

58.1 "Well, it must be removed,"

"Pues hay que quitarlo,"

58.2 said the King very decidedly, and he called the Queen, who was passing at the moment,

dijo el Rey muy decidido, y llamó a la Reina, que pasaba en ese momento,

58.3 "My dear! I wish you would have this cat removed!"

"¡Querida! Desearía que hicieras quitar este gato!"

59.1 The Queen had only one way of settling all difficulties,

La Reina sólo tenía una manera de resolver todas las dificultades,

59.2 great or small. "Off with his head!" she said,

grandes o pequeñas. "¡Que le corten la cabeza!" dijo,

59.3 without even looking round.

sin siquiera mirar a su alrededor.

60.1 "I'll fetch the executioner myself," said the King eagerly,

"Yo mismo traeré al verdugo," dijo el Rey con impaciencia,

60.2 and he hurried off.

y se apresuró a marcharse.

Alice thought she might as well go back, and see how the game was going on, as she heard the Queen's voice in the distance, screaming with passion. 61.1

Alice pensó que sería mejor volver y ver cómo seguía el juego, ya que oyó la voz de la Reina a lo lejos, gritando con pasión.

She had already heard her sentence three of the players to be executed for having missed their turns, and she did not like the look of things at all, as the game was in such confusion that she never knew whether it was her turn or not. 61.2

Ya la había oído sentenciar a tres de los jugadores a ser ejecutados por haber perdido sus turnos, y no le gustaba nada el aspecto de las cosas, ya que el juego estaba en tal confusión que nunca sabía si era su turno o no.

So she went in search of her hedgehog. 61.3

Así que fue en busca de su erizo.

The hedgehog was engaged in a fight with another hedgehog, 62.1

El erizo estaba enzarzado en una pelea con otro erizo,

which seemed to Alice an excellent opportunity for croqueting one of them with the other: 62.2

lo que a Alicia le pareció una excelente oportunidad para jugar al croquet con uno de ellos:

the only difficulty was, that her flamingo was gone across to the other side of the garden, where Alice could see it trying in a helpless sort of way to fly up into a tree. 62.3

la única dificultad era que su flamenco se había ido al otro lado del jardín, donde Alicia pudo verlo intentando, de un modo impotente, subir volando a un árbol.

63.1 By the time she had caught the flamingo and brought it back, the fight was over, and both the hedgehogs were out of sight:

Para cuando hubo atrapado al flamenco y lo trajo de vuelta, la pelea había terminado, y ambos erizos estaban fuera de la vista:

63.2 "but it doesn't matter much," thought Alice,

"pero no importa mucho," pensó Alicia,

63.3 "as all the arches are gone from this side of the ground."

"ya que todos los arcos han desaparecido de este lado del suelo."

63.4 So she tucked it away under her arm, that it might not escape again, and went back for a little more conversation with her friend.

Así que lo guardó bajo el brazo, para que no volviera a escaparse, y regresó para conversar un poco más con su amiga.

64.1 When she got back to the Cheshire Cat,

Cuando regresó al Gato de Cheshire,

64.2 she was surprised to find quite a large crowd collected round it:

se sorprendió de encontrar una gran multitud reunida a su alrededor:

64.3 there was a dispute going on between the executioner, the King, and the Queen, who were all talking at once, while all the rest were quite silent, and looked very uncomfortable.

había una disputa entre el verdugo, el Rey y la Reina, que hablaban a la vez, mientras todos los demás estaban en silencio y parecían muy incómodos.

The moment Alice appeared, she was appealed to by all three to settle the question, and they repeated their arguments to her, though, as they all spoke at once, she found it very hard indeed to make out exactly what they said.

65.1

En el momento en que apareció Alicia, los tres la llamaron para que resolviera la cuestión, y le repitieron sus argumentos, aunque, como todos hablaban a la vez, a ella le resultaba muy difícil entender exactamente lo que decían.

The executioner's argument was,

66.1

El argumento del verdugo fue,

that you couldn't cut off a head unless there was a body to cut it off from:

66.2

que no se podía cortar una cabeza a menos que hubiera un cuerpo del que cortarla:

that he had never had to do such a thing before,

66.3

que él nunca había tenido que hacer tal cosa antes,

and he wasn't going to begin at his time of life.

66.4

y que no iba a empezar en su momento de vida.

The King's argument was, that anything that had a head could be beheaded, and that you weren't to talk nonsense.

67.1

El argumento del Rey era que todo lo que tuviera cabeza podía ser decapitado, y que no se debían decir tonterías.

68.1 The Queen's argument was, that if something wasn't done about it in less than no time she'd have everybody executed, all round.

El argumento de la Reina fue que, si no se hacía algo al respecto en menos de lo que canta un gallo, mandaría ejecutar a todo el mundo.

68.2 (It was this last remark that had made the whole party look so grave and anxious.)

(Fue este último comentario el que hizo que todo el grupo pareciera tan grave y ansioso.)

69.1 Alice could think of nothing else to say but

A Alicia no se le ocurrió otra cosa que decir:

69.2 "It belongs to the Duchess: you'd better ask her about it."

"Pertenece a la duquesa: será mejor que se lo preguntes."

70.1 "She's in prison," the Queen said to the executioner:

"Está en prisión," dijo la Reina al verdugo:

70.2 "fetch her here." And the executioner went off like an arrow.

"tráela aquí." Y el verdugo partió como una flecha.

71.1 The Cat's head began fading away the moment he was gone, and, by the time he had come back with the Duchess, it had entirely disappeared;

La cabeza del Gato empezó a desvanecerse en el momento en que él se había ido, y, para cuando regresó con la Duquesa, había desaparecido por completo;

**so the King and the executioner ran wildly up and down looking for it,**    71.2

así que el Rey y el verdugo corrieron desenfrenadamente arriba y abajo buscándola,

**while the rest of the party went back to the game.**    71.3

mientras el resto del grupo volvía al juego.

# CHAPTER IX. The Mock Turtle's Story

CAPÍTULO IX. La Historia de la Falsa Tortuga

1.1 "You can't think how glad I am to see you again,

"No te imaginas cuánto me alegro de volver a verte,

1.2 you dear old thing."

vieja querida."

1.3 said the Duchess, as she tucked her arm affectionately into Alice's, and they walked off together.

dijo la duquesa, mientras estrechaba afectuosamente su brazo entre los de Alicia y se alejaban juntas.

2.1 Alice was very glad to find her in such a pleasant temper,

Alicia se alegró mucho de encontrarla de tan buen humor,

and thought to herself that perhaps it was only the pepper that had made her so savage when they met in the kitchen.                                      2.2

y pensó para sus adentros que tal vez fuera sólo la pimienta lo que la había vuelto tan salvaje cuando se encontraron en la cocina.

"When I'm a Duchess,"                                      3.1

"Cuando sea duquesa,"

she said to herself, (not in a very hopeful tone though),                                      3.2

se dijo a sí misma (aunque no en un tono muy esperanzador),

"I won't have any pepper in my kitchen at all.                                      3.3

"no tendré nada de pimienta en mi cocina.

Soup does very well without — Maybe it's always pepper that makes people hot-tempered," she went on, very much pleased at having found out a new kind of rule, "and vinegar that makes them sour — and camomile that makes them bitter — and — and barley-sugar and such things that make children sweet-tempered.                                      3.4

Tal vez sea siempre la pimienta la que pone a la gente de mal genio - continuó, muy satisfecha de haber descubierto una nueva regla-, y el vinagre la que la pone agria, y la manzanilla la que la pone amarga, y el azúcar de cebada y cosas así las que ponen a los niños de mal genio.

I only wish people knew that:                                      3.5

Ojalá la gente lo supiera:

then they wouldn't be so stingy about it, you know — "                                      3.6

entonces no serían tan tacaños con eso, ya sabes — "

4.1 She had quite forgotten the Duchess by this time, and was a little startled when she heard her voice close to her ear.

Ya se había olvidado de la duquesa y se sobresaltó un poco cuando oyó su voz cerca de su oído.

4.2 "You're thinking about something, my dear, and that makes you forget to talk.

"Estás pensando en algo, querida, y eso hace que te olvides de hablar.

4.3 I can't tell you just now what the moral of that is,

No puedo decirte ahora cuál es la moraleja,

4.4 but I shall remember it in a bit."

pero la recordaré dentro de un rato."

5.1 "Perhaps it hasn't one," Alice ventured to remark.

"Quizá no tenga," se aventuró a comentar Alice.

6.1 "Tut, tut, child!" said the Duchess.

"¡Tut, tut, niña!" dijo la Duquesa.

6.2 "Everything's got a moral, if only you can find it."

"Todo tiene una moraleja, si eres capaz de encontrarla."

6.3 And she squeezed herself up closer to Alice's side as she spoke.

Y se apretó más al lado de Alice mientras hablaba.

7.1 Alice did not much like keeping so close to her: first,

A Alicia no le gustaba mucho estar tan cerca de ella: primero,

7.2 because the Duchess was very ugly;

porque la duquesa era muy fea;

and secondly, because she was exactly the right
height to rest her chin upon Alice's shoulder, and
it was an uncomfortably sharp chin.

7.3

y segundo, porque tenía la altura exacta para apoyar
la barbilla en el hombro de Alicia, y era una barbilla
incómodamente afilada.

However, she did not like to be rude, so she bore it as
well as she could.

7.4

Sin embargo, no le gustaba ser grosera, así que lo soportó lo
mejor que pudo.

"The game's going on rather better now," she said,

8.1

"El juego va bastante mejor ahora," dijo,

by way of keeping up the conversation a little.

8.2

a modo de mantener un poco la conversación.

"'Tis so," said the Duchess: "and the moral of that
is — 'Oh, 'tis love, 'tis love, that makes the world go
round!"'

9.1

"'Así es," dijo la Duquesa: "y la moraleja de eso es: '¡Oh, 'es
el amor, 'es el amor, lo que hace girar al mundo!"'

"Somebody said," Alice whispered,

10.1

"Alguien dijo," susurró Alice,

"that it's done by everybody minding their own
business!"

10.2

"¡que lo hace todo el mundo metido en sus asuntos!"

"Ah, well!

11.1

"¡Ah, bueno!

11.2 It means much the same thing," said the Duchess, digging her sharp little chin into Alice's shoulder as she added, "and the moral of that is — 'Take care of the sense, and the sounds will take care of themselves. "'

Significa más o menos lo mismo," dijo la duquesa, hundiendo su afilada barbilla en el hombro de Alicia, "y la moraleja es: 'Cuida el sentido y los sonidos se cuidarán solos'."

12.1 "How fond she is of finding morals in things!"

"¡Qué aficionada es a encontrar moralejas en las cosas!"

12.2 Alice thought to herself.

pensó Alicia.

13.1 "I dare say you're wondering why I don't put my arm round your waist,"

"Me atrevo a decir que se pregunta por qué no le rodeo la cintura con el brazo,"

13.2 the Duchess said after a pause:

dijo la duquesa tras una pausa:

13.3 "the reason is, that I'm doubtful about the temper of your flamingo.

"La razón es que dudo del temperamento de tu flamenco.

13.4 Shall I try the experiment?"

¿Probaré el experimento?"

14.1 "He might bite," Alice cautiously replied,

"Podría morder," respondió Alice con cautela,

not feeling at all anxious to have the experiment tried.    14.2

sin sentirse en absoluto ansiosa por probar el experimento.


"Very true," said the Duchess:    15.1

"Muy cierto," dijo la Duquesa:


"flamingoes and mustard both bite.    15.2

"tanto los flamencos como la mostaza muerden.


And the moral of that is — 'Birds of a feather flock together. "'    15.3

Y la moraleja es: "Las aves del mismo plumaje vuelan juntas."


"Only mustard isn't a bird," Alice remarked.    16.1

"Sólo que la mostaza no es un pájaro," comentó Alice.


"Right, as usual," said the Duchess:    17.1

"Cierto, como siempre," dijo la duquesa:


"what a clear way you have of putting things!"    17.2

"¡qué manera tan clara tienes de plantear las cosas!"


"It's a mineral, I think," said Alice.    18.1

"Es un mineral, creo," dijo Alice.


"Of course it is," said the Duchess,    19.1

"Por supuesto que lo es," dijo la duquesa,


who seemed ready to agree to everything that Alice said;    19.2

que parecía dispuesta a aceptar todo lo que Alicia decía;

19.3 "there's a large mustard-mine near here.
"hay una gran mina de mostaza cerca de aquí.

19.4 And the moral of that is — 'The more there is of mine,
Y la moraleja es: "Cuanto más hay de lo mío,

19.5 the less there is of yours. "'
menos hay de lo tuyo."

20.1 "Oh, I know!"
"¡Oh, ya sé!"

20.2 exclaimed Alice, who had not attended to this last remark,
exclamó Alice, que no había atendido a esta última observación,

20.3 "it's a vegetable. It doesn't look like one, but it is."
"es un vegetal. No lo parece, pero lo es."

21.1 "I quite agree with you," said the Duchess;
"Estoy totalmente de acuerdo contigo," dijo la Duquesa;

21.2 "and the moral of that is — 'Be what you would seem to be' — or if you'd like it put more simply — 'Never imagine yourself not to be otherwise than what it might appear to others that what you were or might have been was not otherwise than what you had been would have appeared to them to be otherwise. "'
"y la moraleja de eso es: 'Sé lo que parezcas ser' - o si lo quieres más sencillo - 'Nunca imagines que no eres de otra manera que lo que podría parecer a los demás que lo que eras o podrías haber sido no era de otra manera que lo que habías sido les habría parecido de otra manera'."

"I think I should understand that better," 22.1
"Creo que lo entendería mejor,"

Alice said very politely, "if I had it written down: 22.2
dijo Alicia muy cortésmente, "si lo tuviera escrito:

but I can't quite follow it as you say it." 22.3
pero no puedo seguirlo del todo tal como lo dices."

"That's nothing to what I could say if I chose," 23.1
"Eso no es nada de lo que podría decir si quisiera,"

the Duchess replied, in a pleased tone. 23.2
respondió la Duquesa, en tono complacido.

"Pray don't trouble yourself to say it any longer than 24.1
that,"
"Por favor, no te molestes en decirlo más que eso,"

said Alice. 24.2
dijo Alice.

"Oh, don't talk about trouble!" said the Duchess. 25.1
"¡Oh, no hables de problemas!" dijo la Duquesa.

"I make you a present of everything I've said as yet." 25.2
"Te regalo todo lo que he dicho hasta ahora."

"A cheap sort of present!" thought Alice. 26.1
"¡Un regalo barato!" pensó Alicia.

"I'm glad they don't give birthday presents like that!" 26.2
"¡Me alegro de que no hagan regalos de cumpleaños así!"

26.3 But she did not venture to say it out loud.

Pero no se atrevió a decirlo en voz alta.

27.1 "Thinking again?" the Duchess asked,

"¿Pensando otra vez?" preguntó la Duquesa,

27.2 with another dig of her sharp little chin.

con otro golpe de su afilada barbilla.

28.1 "I've a right to think," said Alice sharply,

"Tengo derecho a pensar," dijo Alice bruscamente,

28.2 for she was beginning to feel a little worried.

pues empezaba a sentirse un poco preocupada.

29.1 "Just about as much right," said the Duchess,

"Tanto derecho," dijo la duquesa,

29.2 "as pigs have to fly; and the m — "

"como los cerdos a volar; y el m — "

30.1 But here, to Alice's great surprise, the Duchess's voice died away, even in the middle of her favourite word

Pero aquí, para gran sorpresa de Alicia, la voz de la Duquesa se apagó, incluso en medio de su palabra favorita

30.2 'moral,'

"moral,"

30.3 and the arm that was linked into hers began to tremble.

y el brazo que estaba enlazado al suyo empezó a temblar.

Alice looked up, and there stood the Queen in front of them, with her arms folded, frowning like a thunderstorm.

30.4

Alicia levantó la vista, y allí estaba la Reina frente a ellas, con los brazos cruzados, frunciendo el ceño como una tormenta.

"A fine day, your Majesty!"

31.1

"¡Buen día, Majestad!"

the Duchess began in a low, weak voice.

31.2

comenzó la duquesa en voz baja y débil.

"Now, I give you fair warning," shouted the Queen,

32.1

"Ahora, te doy una advertencia justa," gritó la Reina,

stamping on the ground as she spoke;

32.2

dando pisotones en el suelo mientras hablaba;

"either you or your head must be off,

32.3

"¡o tú o tu cabeza debe ser cortada,

and that in about half no time! Take your choice!"

32.4

y eso en aproximadamente medio no tiempo! Elige!"

The Duchess took her choice, and was gone in a moment.

33.1

La duquesa tomó su decisión y se marchó en un momento.

"Let's go on with the game," the Queen said to Alice;

34.1

"Sigamos con el juego," dijo la Reina a Alicia;

34.2 and Alice was too much frightened to say a word, but slowly followed her back to the croquet-ground.

y Alicia, demasiado asustada para decir una palabra, la siguió lentamente hasta el campo de croquet.

35.1 The other guests had taken advantage of the Queen's absence, and were resting in the shade: however, the moment they saw her, they hurried back to the game, the Queen merely remarking that a moment's delay would cost them their lives.

Los demás invitados habían aprovechado la ausencia de la Reina y estaban descansando a la sombra; sin embargo, en cuanto la vieron, se apresuraron a volver al juego, limitándose la Reina a comentar que un momento de retraso les costaría la vida.

36.1 All the time they were playing the Queen never left off quarrelling with the other players, and shouting

Durante todo el tiempo que estuvieron jugando, la Reina no dejó de pelearse con los otros jugadores, y de gritar

36.2 "Off with his head!" or "Off with her head!"

"¡Que le corten la cabeza!" o "¡Que le corten la cabeza!"

36.3 Those whom she sentenced were taken into custody by the soldiers, who of course had to leave off being arches to do this, so that by the end of half an hour or so there were no arches left, and all the players, except the King, the Queen, and Alice, were in custody and under sentence of execution.

Aquellos a los que sentenciaba eran detenidos por los soldados, que, por supuesto, tenían que dejar de ser arcos para hacerlo, de modo que al cabo de media hora más o menos ya no quedaban arcos, y todos los jugadores, excepto el Rey, la Reina y Alicia, estaban detenidos y sentenciados a ejecución.

Then the Queen left off, quite out of breath, and said to Alice,

37.1

Entonces la Reina se marchó, bastante sin aliento, y le dijo a Alicia,

"Have you seen the Mock Turtle yet?"

37.2

"¿Has visto ya a la Falsa Tortuga?"

"No," said Alice.

38.1

"No," dijo Alicia.

"I don't even know what a Mock Turtle is."

38.2

"Ni siquiera sé lo que es una Falsa Tortuga."

"It's the thing Mock Turtle Soup is made from,"

39.1

"Es con lo que se hace la sopa de farsa de tortuga,"

said the Queen.

39.2

dijo la Reina.

"I never saw one, or heard of one," said Alice.

40.1

"Nunca he visto ni oído hablar de uno," dijo Alice.

"Come on, then," said the Queen,

41.1

"Vamos, pues," dijo la Reina,

"and he shall tell you his history,"

41.2

"y él os contará su historia,"

As they walked off together, Alice heard the King say in a low voice, to the company generally,

42.1

Mientras se alejaban juntos, Alicia oyó que el Rey decía en voz baja, a la compañía en general,

42.2 "You are all pardoned."

"Estáis todos indultados."

42.3 "Come, that's a good thing!" she said to herself,

"¡Venga, qué bien!" se dijo a sí misma,

42.4 for she had felt quite unhappy at the number of executions the Queen had ordered.

pues se había sentido bastante descontenta por el número de ejecuciones que había ordenado la Reina.

43.1 They very soon came upon a Gryphon, lying fast asleep in the sun.

Pronto se encontraron con un Grifo que dormía al sol.

43.2 (If you don't know what a Gryphon is, look at the picture.)

(Si no sabes lo que es un Grifo, mira el dibujo.)

43.3 "Up, lazy thing!" said the Queen,

"¡Levántate, perezoso!" dijo la Reina,

43.4 "and take this young lady to see the Mock Turtle,

"y lleva a esta joven a ver a la Falsa Tortuga,

43.5 and to hear his history.

y a oír su historia.

43.6 I must go back and see after some executions I have ordered;"

Tengo que volver a ver unas ejecuciones que he ordenado,"

43.7 and she walked off, leaving Alice alone with the Gryphon.

y se marchó, dejando a Alicia sola con el Grifo.

Alice did not quite like the look of the creature, but on the whole she thought it would be quite as safe to stay with it as to go after that savage Queen:

43.8

A Alicia no le gustó mucho el aspecto de la criatura, pero, en general, pensó que sería más seguro quedarse con ella que ir tras aquella Reina salvaje:

so she waited.

43.9

así que esperó.

The Gryphon sat up and rubbed its eyes: then it watched the Queen till she was out of sight: then it chuckled.

44.1

El Grifo se incorporó y se frotó los ojos; luego observó a la Reina hasta que se perdió de vista; entonces soltó una risita.

"What fun!"

44.2

"¡Qué divertido!"

said the Gryphon, half to itself, half to Alice.

44.3

dijo el Grifo, mitad para sí mismo, mitad para Alicia.

"What is the fun?" said Alice.

45.1

"¿Cuál es la gracia?" dijo Alice.

"Why, she," said the Gryphon. "It's all her fancy, that:

46.1

"Pues ella," dijo el Grifo. "Es todo fantasía suya, eso:

they never executes nobody, you know. Come on!"

46.2

nunca ejecutan a nadie, ya sabes. ¡Vamos!"

"Everybody says 'come on!' here," thought Alice,

47.1

"Todo el mundo dice '¡vamos!' aquí," pensó Alicia,

47.2 **as she went slowly after it:**
mientras iba despacio tras él:

47.3 **"I never was so ordered about in all my life, never!"**
"¡Nunca me han dado tantas órdenes en toda mi vida, nunca!"

48.1 **They had not gone far before they saw the Mock Turtle in the distance, sitting sad and lonely on a little ledge of rock, and, as they came nearer, Alice could hear him sighing as if his heart would break.**
No habían ido muy lejos cuando vieron a lo lejos a la Falsa Tortuga, sentada triste y solitaria en un pequeño saliente de roca y, a medida que se acercaban, Alicia pudo oírle suspirar como si se le fuera a romper el corazón.

48.2 **She pitied him deeply.**
Se compadeció profundamente de él.

48.3 **"What is his sorrow?"**
"¿Qué es lo que le apena?"

48.4 **she asked the Gryphon, and the Gryphon answered, very nearly in the same words as before, "It's all his fancy, that:**
- preguntó al Grifo, y éste respondió, casi con las mismas palabras que antes-:

48.5 **he hasn't got no sorrow, you know.**
"Todo eso es fantasía suya; él no tiene ninguna pena, sabes.

48.6 **Come on!"**
Vamos!"

So they went up to the Mock Turtle, who looked at them with large eyes full of tears, but said nothing.

Así que se acercaron a la Falsa Tortuga, que los miró con grandes ojos llenos de lágrimas, pero no dijo nada.

49.1

"This here young lady," said the Gryphon,

"Esta joven," dijo el Grifo,

50.1

"she wants for to know your history, she do."

"quiere conocer tu historia."

50.2

"I'll tell it her,"

"Yo se lo contaré,"

51.1

said the Mock Turtle in a deep, hollow tone:

dijo la Falsa Tortuga en un tono profundo y hueco:

51.2

"sit down, both of you, and don't speak a word till I've finished."

"Sentaos, los dos, y no digáis ni una palabra hasta que haya terminado."

51.3

So they sat down, and nobody spoke for some minutes.

Así que se sentaron y nadie habló durante unos minutos.

52.1

Alice thought to herself, "I don't see how he can ever finish,

Alice pensó para sí: "No veo cómo podrá terminar,

52.2

if he doesn't begin." But she waited patiently.

si no empieza." Pero esperó pacientemente.

52.3

"Once,"

"Una vez,"

53.1

53.2 said the Mock Turtle at last, with a deep sigh,
dijo por fin la Falsa Tortuga, con un profundo suspiro,

53.3 "I was a real Turtle."
"fui una Tortuga de verdad."

54.1 These words were followed by a very long silence,
Estas palabras fueron seguidas por un largo silencio,

54.2 broken only by an occasional exclamation of "Hjckrrh!"
roto sólo por una exclamación ocasional de " ¡Hjckrrh!"

54.3 from the Gryphon,
del Grifo,

54.4 and the constant heavy sobbing of the Mock Turtle.
y el constante y pesado sollozo de la Falsa Tortuga.

54.5 Alice was very nearly getting up and saying,
Alicia estuvo a punto de levantarse y decir,

54.6 "Thank you, sir, for your interesting story,"
"Gracias, señor, por su interesante historia,"

54.7 but she could not help thinking there must be more to come,
pero no pudo evitar pensar que debía de haber más,

54.8 so she sat still and said nothing.
así que se quedó quieta y no dijo nada.

"When we were little," the Mock Turtle went on at last, more calmly, though still sobbing a little now and then, "we went to school in the sea.

55.1

"Cuando éramos pequeños - continuó por fin la Falsa Tortuga, más tranquila, aunque seguía sollozando de vez en cuando-, íbamos a la escuela en el mar.

The master was an old Turtle — we used to call him Tortoise — "

55.2

El maestro era una vieja tortuga, la llamábamos Tortuga — "

"Why did you call him Tortoise, if he wasn't one?" Alice asked.

56.1

"¿Por qué le llamaste Tortuga, si no lo era?" preguntó Alice.

"We called him Tortoise because he taught us,"

57.1

"Le llamábamos Tortuga porque nos enseñó,"

said the Mock Turtle angrily:

57.2

dijo enfadada la Falsa Tortuga:

"really you are very dull!"

57.3

"¡Realmente eres muy torpe!"

"You ought to be ashamed of yourself for asking such a simple question,"

58.1

"Debería darte vergüenza hacer una pregunta tan sencilla,"

added the Gryphon; and then they both sat silent and looked at poor Alice, who felt ready to sink into the earth.

58.2

añadió el Grifo, y luego ambos se quedaron en silencio mirando a la pobre Alicia, que se sentía a punto de hundirse en la tierra.

58.3 At last the Gryphon said to the Mock Turtle,
Por fin, el Grifo dijo a la Falsa Tortuga,

58.4 "Drive on, old fellow! Don't be all day about it!"
"¡Continúa, viejo amigo! No te entretengas todo el día,"

58.5 and he went on in these words:
y prosiguió con estas palabras:

59.1 "Yes, we went to school in the sea, though you mayn't believe it — "
"Sí, fuimos a la escuela en el mar, aunque no lo creas — "

60.1 "I never said I didn't!" interrupted Alice.
"¡Nunca dije que no!" interrumpió Alice.

61.1 "You did," said the Mock Turtle.
"Lo hiciste," dijo la Falsa Tortuga.

62.1 "Hold your tongue!" added the Gryphon,
"¡Cállate!" añadió el Grifo,

62.2 before Alice could speak again.
antes de que Alicia pudiera volver a hablar.

62.3 The Mock Turtle went on.
La Falsa Tortuga continuó.

63.1 "We had the best of educations — in fact,
"Tuvimos la mejor de las educaciones; de hecho,

63.2 we went to school every day — "
íbamos a la escuela todos los días — "

"I've been to a day-school, too," said Alice; 64.1
"Yo también he ido a una escuela diurna," dijo Alicia;

"you needn't be so proud as all that." 64.2
"no tienes por qué ser tan orgullosa."

"With extras?" asked the Mock Turtle a little 65.1
anxiously.
"¿Con extras?" preguntó la Falsa Tortuga un poco ansiosa.

"Yes," said Alice, "we learned French and music." 66.1
"Sí," dijo Alice, "aprendimos francés y música."

"And washing?" said the Mock Turtle. 67.1
"¿Y lavarse?" dijo la Falsa Tortuga.

"Certainly not!" said Alice indignantly. 68.1
"¡Claro que no!" dijo Alice indignada.

"Ah! then yours wasn't a really good school," 69.1
"¡Ah! entonces la tuya no era realmente una buena
escuela,"

said the Mock Turtle in a tone of great relief. 69.2
dijo la Falsa Tortuga en un tono de gran alivio.

"Now at ours they had at the end of the bill, 69.3
"En la nuestra ponían al final de la factura,

'French, music, and washing — extra. "' 69.4
'Francés, música y lavado — extra'."

"You couldn't have wanted it much," said Alice; 70.1
"No podías desearlo mucho," dijo Alicia;

70.2 "living at the bottom of the sea."
"vivir en el fondo del mar."

71.1 "I couldn't afford to learn it."
"No podía permitirme aprenderlo."

71.2 said the Mock Turtle with a sigh.
dijo la Falsa Tortuga con un suspiro.

71.3 "I only took the regular course."
"Sólo hice el curso normal."

72.1 "What was that?" inquired Alice.
"¿Qué ha sido eso?" preguntó Alicia.

73.1 "Reeling and Writhing, of course, to begin with,"
"Para empezar, tambaleo y retorcimiento, por supuesto,"

73.2 the Mock Turtle replied;
respondió la Falsa Tortuga;

73.3 "and then the different branches of Arithmetic —
Ambition, Distraction, Uglification, and Derision."
"y luego las diferentes ramas de la Aritmética: asombro,
distracción, ufanía y burla."

74.1 "I never heard of 'Uglification,'"
"Nunca he oído hablar de la 'Uglificación,'"

74.2 Alice ventured to say. "What is it?"
se aventuró a decir Alice. "¿Qué es?"

75.1 The Gryphon lifted up both its paws in surprise.
"What!
El grifón levantó las dos patas sorprendido. "¡Qué!

Never heard of uglifying!" it exclaimed.                                       75.2
¡Nunca he oído hablar de embellecer!" exclamó.

"You know what to beautify is, I suppose?"                                     75.3
"¿Sabes lo que es embellecer, supongo?"

"Yes," said Alice doubtfully:                                                  76.1
"Sí," dijo Alice dubitativa:

"it means — to — make — anything — prettier."                                  76.2
"significa-hacer-cualquier-cosa-más- bonita."

"Well, then," the Gryphon went on,                                            77.1
"Bueno, entonces," continuó el Grifo,

"if you don't know what to uglify is, you are a                               77.2
simpleton."
"si no sabes lo que es uglificar, eres un simplón."

Alice did not feel encouraged to ask any more                                 78.1
questions about it, so she turned to the Mock Turtle,
and said
Alicia no se animó a hacer más preguntas al respecto, así
que se volvió hacia la Falsa Tortuga y le dijo

"What else had you to learn?"                                                 78.2
"¿Qué más tenías que aprender?"

"Well, there was Mystery,"                                                    79.1
"Bueno, había Misterio,"

the Mock Turtle replied, counting off the subjects on                        79.2
his flappers,
respondió la Falsa Tortuga, contando los temas en sus
aletas,

79.3 " — Mystery, ancient and modern, with Seaography:

" — Misterio, antiguo y moderno, con Seaografía:

79.4 then Drawling — the Drawling-master was an old conger-eel,

luego Dibujo-el Maestro de Dibujo era un viejo congrio,

79.5 that used to come once a week:

que solía venir una vez a la semana:

79.6 he taught us Drawling, Stretching, and Fainting in Coils."

nos enseñó Dibujo, Estiramiento y Desmayo en Bobinas."

80.1 "What was that like?" said Alice.

"¿Cómo ha sido?" dijo Alice.

81.1 "Well, I can't show it you myself," the Mock Turtle said:

"Bueno, no puedo enseñártelo yo mismo," dijo la Falsa Tortuga:

81.2 "I'm too stiff. And the Gryphon never learnt it."

"Estoy demasiado tiesa. Y el Grifo nunca lo aprendió."

82.1 "Hadn't time," said the Gryphon:

"No tuve tiempo," dijo el Grifo:

82.2 "I went to the Classics master, though.

"Pero fui a ver al maestro de Clásicos.

82.3 He was an old crab, he was."

Era un viejo cangrejo."

"I never went to him," the Mock Turtle said with a sigh: 83.1
"Nunca fui a él," dijo la Falsa Tortuga con un suspiro:

"he taught Laughing and Grief, they used to say." 83.2
"Él enseñaba la Risa y la Pena, decían."

"So he did, so he did," said the Gryphon, sighing in his turn; 84.1
"Así fue, así fue," dijo el Grifo, suspirando a su vez;

and both creatures hid their faces in their paws. 84.2
y ambas criaturas escondieron la cara entre las patas.

"And how many hours a day did you do lessons?" said Alice, 85.1
"¿Y cuántas horas al día dabas clase?" dijo Alice,

in a hurry to change the subject. 85.2
apresurada por cambiar de tema.

"Ten hours the first day," said the Mock Turtle: 86.1
"Diez horas el primer día," dijo la Falsa Tortuga:

"nine the next, and so on." 86.2
"nueve el siguiente, y así sucesivamente."

"What a curious plan!" exclaimed Alice. 87.1
"¡Qué plan tan curioso!" exclamó Alicia.

"That's the reason they're called lessons," 88.1
"Por eso se llaman lecciones,"

the Gryphon remarked: 88.2
comentó el Grifo:

88.3 **"because they lessen from day to day."**
"porque disminuyen de día en día."

89.1 **This was quite a new idea to Alice,**
Era una idea bastante nueva para Alicia,

89.2 **and she thought it over a little before she made her next remark.**
y se lo pensó un poco antes de hacer su siguiente comentario.

89.3 **"Then the eleventh day must have been a holiday?"**
"Entonces, ¿el undécimo día debió de ser festivo?"

90.1 **"Of course it was," said the Mock Turtle.**
"Claro que sí," dijo la Falsa Tortuga.

91.1 **"And how did you manage on the twelfth?"**
"¿Y cómo te las arreglaste el día doce?"

91.2 **Alice went on eagerly.**
continuó Alice con impaciencia.

92.1 **"That's enough about lessons,"**
"Ya basta de lecciones,"

92.2 **the Gryphon interrupted in a very decided tone:**
interrumpió el Grifo en un tono muy decidido:

92.3 **"tell her something about the games now."**
"Cuéntale ahora algo sobre los juegos."

# CHAPTER X. The Lobster Quadrille

CAPÍTULO X. La cuadrilla de la langosta

1.1 **The Mock Turtle sighed deeply, and drew the back of one flapper across his eyes.**
La Falsa Tortuga suspiró profundamente y se tapó los ojos con el dorso de una aleta.

1.2 **He looked at Alice, and tried to speak, but for a minute or two sobs choked his voice.**
Miró a Alicia y trató de hablar, pero durante uno o dos minutos los sollozos le ahogaron la voz.

1.3 **"Same as if he had a bone in his throat,"**
"Es como si tuviera un hueso en la garganta,"

1.4 **said the Gryphon: and it set to work shaking him and punching him in the back.**
dijo el Grifo, y se puso a sacudirlo y a darle puñetazos en la espalda.

At last the Mock Turtle recovered his voice, and, with tears running down his cheeks, he went on again: — . 1.5
Por fin, la Falsa Tortuga recobró la voz y, con lágrimas en los ojos, volvió a hablar.

"You may not have lived much under the sea — " 2.1
"Puede que no hayas vivido mucho bajo el mar — "

("I haven't," 2.2
("No lo he hecho,"

said Alice) — "and perhaps you were never even introduced to a lobster — " 2.3
dijo Alice) — "y puede que ni siquiera te hayan presentado nunca una langosta — "

(Alice began to say "I once tasted — " 2.4
(Alice empezó a decir "Una vez la probé — "

but checked herself hastily, and said "No, never") 2.5
pero se controló precipitadamente, y dijo "No, nunca")

" — so you can have no idea what a delightful thing a Lobster Quadrille is!" 2.6
" — ¡así que no puedes tener ni idea de lo deliciosa que es una Cuadrilla de Langostas!"

"No, indeed," said Alice. "What sort of a dance is it?" 3.1
"No, en efecto," dijo Alice. "¿Qué clase de baile es?"

"Why," said the Gryphon, 4.1
"Bueno," dijo el Grifo,

"you first form into a line along the sea- shore — " 4.2
"primero formen una línea a lo largo de la orilla del mar ..."

5.1 **"Two lines!" cried the Mock Turtle.**
"¡Dos líneas!" gritó la Falsa Tortuga.

5.2 **"Seals, turtles, salmon, and so on; then,**
"Focas, tortugas, salmones, etcétera; luego,

5.3 **when you've cleared all the jelly-fish out of the way — "**
cuando hayas quitado de en medio a todas las medusas..."

6.1 **"That generally takes some time," interrupted the Gryphon.**
"Eso suele llevar algún tiempo," interrumpió el Grifo.

7.1 **" — you advance twice — "**
" — avanzaste dos veces — "

8.1 **"Each with a lobster as a partner!" cried the Gryphon.**
"¡Cada uno con una langosta como pareja!" gritó el Grifo.

9.1 **"Of course," the Mock Turtle said: "advance twice,**
"Por supuesto," dijo la Falsa Tortuga: "avancen dos veces,

9.2 **set to partners — "**
pónganse en parejas — "

10.1 **"- change lobsters, and retire in same order," continued the Gryphon.**
"-cambiar las langostas, y retirarse en el mismo orden - continuó el Grifo-.

11.1 **"Then, you know," the Mock Turtle went on,**
"Entonces, ya sabes," continuó la Falsa Tortuga,

"you throw the — "                                                    11.2
"lanzas el — "

"The lobsters!" shouted the Gryphon, with a bound                     12.1
into the air.
"¡Las langostas!" gritó el Grifo, dando un salto en el aire.

" — as far out to sea as you can — "                                  13.1
" — tan lejos en el mar como puedas — "

"Swim after them!" screamed the Gryphon.                              14.1
"¡Naden tras ellos!" gritó el Grifo.

"Turn a somersault in the sea!" cried the Mock                        15.1
Turtle,
"Da una voltereta en el mar!" gritó la Falsa Tortuga,

capering wildly about.                                                15.2
haciendo cabriolas.

"Change lobsters again!"                                              16.1
"¡Cambia de nuevo las langostas!"

yelled the Gryphon at the top of its voice.                          16.2
gritó el Grifo con todas sus fuerzas.

"Back to land again, and that's all the first figure,"               17.1
"Otra vez a tierra, y ésa es toda la primera cifra,"

said the Mock Turtle, suddenly dropping his voice;                   17.2
dijo la Falsa Tortuga, bajando repentinamente la voz;

17.3 and the two creatures, who had been jumping about like mad things all this time, sat down again very sadly and quietly, and looked at Alice.

y las dos criaturas, que habían estado saltando como locas todo este tiempo, volvieron a sentarse muy tristes y tranquilas, y miraron a Alicia.

18.1 "It must be a very pretty dance," said Alice timidly.

"Debe de ser un baile muy bonito," dijo Alice tímidamente.

19.1 "Would you like to see a little of it?" said the Mock Turtle.

"¿Quieres ver un poco?" dijo la Falsa Tortuga.

20.1 "Very much indeed," said Alice.

"Muchísimo," dijo Alicia.

21.1 "Come, let's try the first figure!"

"¡Venga, probemos la primera figura!"

21.2 said the Mock Turtle to the Gryphon.

dijo la Falsa Tortuga al Grifo.

21.3 "We can do without lobsters, you know. Which shall sing?"

"Podemos prescindir de las langostas. ¿Cuál cantará?"

22.1 "Oh, you sing," said the Gryphon.

"Oh, cantas," dijo el Grifo.

22.2 "I've forgotten the words."

"He olvidado la letra."

So they began solemnly dancing round and round
Alice, every now and then treading on her toes when
they passed too close, and waving their forepaws to
mark the time, while the Mock Turtle sang this, very
slowly and sadly: — .

Así que empezaron a bailar solemnemente alrededor de
Alicia, pisándole de vez en cuando los dedos de los pies
cuando pasaban demasiado cerca, y agitando las patas
delanteras para marcar el tiempo, mientras la Falsa
Tortuga cantaba esto, muy despacio y con tristeza: — .

"Will you walk a little
faster?"

"¿Quieres andar un poco
más deprisa?"

said a whiting to a snail.

le dijo una pescadilla a
un caracol.

"There's a porpoise close
behind us,

"Hay una marsopa cerca
detrás de nosotros,

and he's treading on my
tail.

y me está pisando la cola.

See how eagerly the lobsters
and the turtles all advance!

¡Mira con qué
impaciencia avanzan las
langostas y las tortugas!

They are waiting on the
shingle — will you come
and join the dance?

Están esperando en la
teja, ¿quieres venir y
unirte al baile?

Will you, won't you, will
you, won't you, will you
join the dance?

¿Quieres, no quieres,
quieres, no quieres,
unirte al baile?

Will you, won't you, will you, won't you, won't you join the dance?

¿Quieres, no quieres, quieres, no quieres, no quieres unirte al baile?

"You can really have no notion how delightful it will be

"Realmente no tienes idea de lo encantador que será ...

When they take us up and throw us, with the lobsters, out to sea!"

¡Cuando nos cojan y nos tiren, con las langostas, al mar!"

But the snail replied "Too far, too far!"

Pero el caracol replicó "¡Demasiado lejos, demasiado lejos!"

and gave a look askance — .

y lanzó una mirada de recelo-.

Said he thanked the whiting kindly,

Dijo que agradecía la pescadilla amablemente,

but he would not join the dance.

pero que no se uniría al baile.

Would not, could not, would not, could not, would not join the dance.

No quería, no podía, no quería, no podía, no quería unirse al baile.

Would not, could not, would not, could not, could not join the dance.

No quería, no podía, no quería, no podía, no podía unirse al baile.

"What matters it how far we go?"

"¿Qué importa lo lejos que lleguemos?"

his scaly friend replied.

respondió su escamoso amigo.

"There is another shore, you know, upon the other side.

"Hay otra orilla, sabes, al otro lado.

The further off from England the nearer is to France —

Cuanto más lejos de Inglaterra, más cerca de Francia ...

Then turn not pale, beloved snail, but come and join the dance.

Entonces no palidezcas, amado caracol, sino ven y únete a la danza.

Will you, won't you, will you, won't you, will you join the dance?

¿Quieres, no quieres, quieres, no quieres, unirte al baile?

Will you, won't you, will you, won't you, won't you join the dance?"

¿Quieres, no quieres, quieres, no quieres, no quieres unirte al baile?"

"Thank you, it's a very interesting dance to watch,"        25.1
"Gracias, es un baile muy interesante de ver,"

said Alice,        25.2
dijo Alicia,

feeling very glad that it was over at last:        25.3
sintiéndose muy contenta de que por fin hubiera terminado:

"and I do so like that curious song about the whiting!"        25.4
"¡y me gusta tanto esa curiosa canción sobre la pescadilla!"

26.1 "Oh, as to the whiting," said the Mock Turtle,
"Oh, en cuanto a las pescadillas," dijo la Falsa Tortuga,

26.2 "they — you've seen them, of course?"
"¿las has visto, por supuesto?"

27.1 "Yes," said Alice, "I've often seen them at dinn — "
"Sí," dijo Alice, "los he visto a menudo en la cena — ,"

27.2 she checked herself hastily.
se contuvo apresuradamente.

28.1 "I don't know where Dinn may be," said the Mock Turtle,
"No sé dónde puede estar Dinn," dijo la Falsa Tortuga,

28.2 "but if you've seen them so often,
"pero si los has visto tan a menudo,

28.3 of course you know what they're like."
por supuesto que sabes cómo son."

29.1 "I believe so," Alice replied thoughtfully.
"Creo que sí," contestó Alice pensativa.

29.2 "They have their tails in their mouths — and they're all over crumbs."
"Tienen la cola en la boca y se les llenan los ojos de migas."

30.1 "You're wrong about the crumbs," said the Mock Turtle:
"Te equivocas con las migas," dijo la Falsa Tortuga:

30.2 "crumbs would all wash off in the sea.
"Las migas se irían al mar.

223

But they have their tails in their mouths; and the reason is ..."

30.3

Pero tienen la cola en la boca, y la razón es que ..."

here the Mock Turtle yawned and shut his eyes.

30.4

- aquí la Falsa Tortuga bostezó y cerró los ojos.

– "Tell her about the reason and all that,"

30.5

– "Cuéntale la razón y todo eso,"

he said to the Gryphon.

30.6

le dijo al Grifo.

"The reason is," said the Gryphon,

31.1

"La razón es," dijo el Grifo,

"that they would go with the lobsters to the dance.

31.2

"que querían ir con las langostas al baile.

So they got thrown out to sea.

31.3

Así que las echaron al mar.

So they had to fall a long way.

31.4

Así que tuvieron que caer un buen trecho.

So they got their tails fast in their mouths.

31.5

Se les atascaban las colas en la boca.

So they couldn't get them out again. That's all."

31.6

Y no pudieron volver a sacarlas. Eso era todo."

"Thank you," said Alice, "it's very interesting.

32.1

"Gracias," dijo Alice, "es muy interesante.

I never knew so much about a whiting before."

32.2

Nunca supe tanto sobre la pescadilla."

33.1 "I can tell you more than that, if you like," said the Gryphon.
"Puedo decirte más que eso, si quieres," dijo el Grifo.

33.2 "Do you know why it's called a whiting?"
"¿Sabes por qué se llama pescadilla?"

34.1 "I never thought about it," said Alice. "Why?"
"Nunca lo había pensado," dijo Alice. "¿Por qué?"

35.1 "It does the boots and shoes,"
"Hace las botas y los zapatos,"

35.2 the Gryphon replied very solemnly.
respondió el Grifo muy solemnemente.

36.1 Alice was thoroughly puzzled.
Alice estaba completamente desconcertada.

36.2 "Does the boots and shoes!" she repeated in a wondering tone.
"¡Las botas y los zapatos!" repitió en tono de asombro.

37.1 "Why, what are your shoes done with?" said the Gryphon.
"¿Por qué, qué hacen tus zapatos?" dijo el Grifo.

37.2 "I mean, what makes them so shiny?"
"Quiero decir, ¿qué los hace tan brillantes?"

38.1 Alice looked down at them,
Alice los miró,

and considered a little before she gave her answer.  38.2
y pensó un poco antes de dar su respuesta.

"They're done with blacking, I believe."  38.3
"Han terminado con el ennegrecimiento, creo."

"Boots and shoes under the sea,"  39.1
"Las botas y los zapatos bajo el mar,"

the Gryphon went on in a deep voice,  39.2
prosiguió el Grifo con voz grave,

"are done with a whiting. Now you know."  39.3
"se hacen con una pescadilla. Ahora ya lo sabes."

"And what are they made of?"  40.1
"¿Y de qué están hechos?"

Alice asked in a tone of great curiosity.  40.2
preguntó Alice en un tono de gran curiosidad.

"Soles and eels, of course,"  41.1
"Suelas y anguilas, por supuesto,"

the Gryphon replied rather impatiently:  41.2
respondió el Grifo con cierta impaciencia:

"any shrimp could have told you that."  41.3
"eso te lo podría haber dicho cualquier gamba."

"If I'd been the whiting,"  42.1
"Si yo hubiera sido la pescadilla,"

42.2 **said Alice, whose thoughts were still running on the song,**

dijo Alice, cuyos pensamientos seguían corriendo en torno a la canción,

42.3 **"I'd have said to the porpoise, 'Keep back, please:**

"le habría dicho a la marsopa: '¡Atrás, por favor:

42.4 **we don't want you with us! "'**

no te queremos con nosotros! "'

43.1 **"They were obliged to have him with them,"**

"Estaban obligados a tenerlo con ellos,"

43.2 **the Mock Turtle said:**

dijo la Falsa Tortuga:

43.3 **"no wise fish would go anywhere without a porpoise."**

"ningún pez sabio iría a ninguna parte sin una marsopa."

44.1 **"Wouldn't it really?" said Alice in a tone of great surprise.**

"¿A que sí?" dijo Alice en un tono de gran sorpresa.

45.1 **"Of course not," said the Mock Turtle:**

"Claro que no," dijo la Falsa Tortuga:

45.2 **"why, if a fish came to me, and told me he was going a journey, I should say**

"¿por qué, si un pez viniera a mí, y me dijera que se iba de viaje, yo le diría

45.3 **'With what porpoise? "'**

'con qué marsopa'?"

"Don't you mean 'purpose'?" said Alice.   46.1
"¿No querrás decir 'propósito'?" dijo Alice.

"I mean what I say,"   47.1
"Lo que digo va en serio,"

the Mock Turtle replied in an offended tone.   47.2
replicó la Falsa Tortuga en tono ofendido.

And the Gryphon added "Come,   47.3
Y el Grifo añadió: "Ven,

let's hear some of your adventures."   47.4
vamos a escuchar algunas de tus aventuras."

"I could tell you my adventures — beginning from   48.1
this morning,"
"Podría contarte mis aventuras, empezando por esta
mañana,"

said Alice a little timidly:   48.2
dijo Alicia un poco tímidamente:

"but it's no use going back to yesterday,   48.3
"pero es inútil volver a ayer,

because I was a different person then."   48.4
porque entonces yo era otra persona."

"Explain all that," said the Mock Turtle.   49.1
"Explica todo eso," dijo la Falsa Tortuga.

"No, no! The adventures first,"   50.1
"¡No, no! Primero las aventuras,"

50.2  said the Gryphon in an impatient tone:
dijo el Grifo en tono impaciente:

50.3  "explanations take such a dreadful time."
"las explicaciones llevan un tiempo espantoso."

51.1  So Alice began telling them her adventures from the time when she first saw the White Rabbit.
Alicia empezó a contarles sus aventuras desde la primera vez que vio al Conejo Blanco.

51.2  She was a little nervous about it just at first, the two creatures got so close to her, one on each side, and opened their eyes and mouths so very wide, but she gained courage as she went on.
Al principio estaba un poco nerviosa, pues las dos criaturas se le acercaban tanto, una a cada lado, y abrían tanto los ojos y la boca, pero se fue armando de valor a medida que avanzaba.

51.3  Her listeners were perfectly quiet till she got to the part about her repeating
Sus oyentes se quedaron muy callados hasta que llegó a la parte en la que repetía a la Oruga

51.4  "You are old, Father William,"
"Eres viejo, Padre Guillermo,"

51.5  to the Caterpillar, and the words all coming different, and then the Mock Turtle drew a long breath, and said
y las palabras eran todas diferentes, y entonces la Falsa Tortuga dio un largo suspiro y dijo

51.6  "That's very curious."
"Es muy curioso."

"It's all about as curious as it can be," said the Gryphon.                    52.1

"Es todo lo curioso que puede ser," dijo el Gryphon.

"It all came different!" the Mock Turtle repeated thoughtfully.                 53.1

"¡Todo era diferente!" repitió pensativa la Falsa Tortuga.

"I should like to hear her try and repeat something now.                       53.2

"Me gustaría oírla intentar repetir algo ahora.

Tell her to begin."                                                            53.3

Dile que empiece."

He looked at the Gryphon as if he thought it had some kind of authority over Alice.   53.4

Miró al Grifo como si pensara que tenía algún tipo de autoridad sobre Alicia.

"Stand up and repeat "Tis the voice of the sluggard, "'                        54.1

"Levántate y repite "Es la voz del perezoso, "'

said the Gryphon.                                                              54.2

dijo el Grifo.

"How the creatures order one about, and make one repeat lessons!"              55.1

"¡Cómo le dan a uno órdenes y le hacen repetir las lecciones!"

thought Alice;                                                                 55.2

pensó Alicia;

"I might as well be at school at once."                                        55.3

"más me valdría estar en la escuela de una vez."

55.4 However, she got up, and began to repeat it, but her head was so full of the Lobster Quadrille, that she hardly knew what she was saying, and the words came very queer indeed: — .

Sin embargo, se levantó y empezó a repetirla, pero tenía la cabeza tan llena de la cuadrilla de la langosta, que apenas sabía lo que decía, y las palabras le salían muy raras: — .

"'Tis the voice of the Lobster; I heard him declare,

"'Es la voz de la Langosta; le oí declarar,

"You have baked me too brown, I must sugar my hair."

"Me has puesto demasiado moreno, debo azucararme el pelo."

As a duck with its eyelids, so he with his nose

Como un pato con sus párpados, así él con su nariz

Trims his belt and his buttons,

Recorta su cinturón y sus botones,

and turns out his toes."

y saca los dedos de los pies."

[later editions continued as follows

[las ediciones posteriores continuaron como sigue

When the sands are all dry, he is gay as a lark,

Cuando las arenas están secas, es alegre como una alondra,

And will talk in contemptuous tones of the Shark,

Y hablará en tono despectivo del Tiburón,

But, when the tide rises and sharks are around,
Pero, cuando sube la marea y hay tiburones alrededor,

His voice has a timid and tremulous sound. ]
Su voz tiene un sonido tímido y trémulo. ]

"That's different from what I used to say when I was a child,"
"Eso es diferente de lo que solía decir cuando era niño,"

57.1

said the Gryphon.
dijo el Gryphon.

57.2

"Well, I never heard it before," said the Mock Turtle;
"Pues yo no lo había oído nunca," dijo la Falsa Tortuga;

58.1

"but it sounds uncommon nonsense."
"pero parece una tontería poco común."

58.2

Alice said nothing;
Alice no dijo nada;

59.1

she had sat down with her face in her hands,
se había sentado con la cara entre las manos,

59.2

wondering if anything would ever happen in a natural way again.
preguntándose si alguna vez volvería a ocurrir algo de forma natural.

59.3

"I should like to have it explained," said the Mock Turtle.
"Me gustaría que me lo explicaran," dijo la Falsa Tortuga.

60.1

61.1 "She can't explain it," said the Gryphon hastily.

"Ella no puede explicarlo," se apresuró a decir el Grifo.

61.2 "Go on with the next verse."

"Continúa con el siguiente verso."

62.1 "But about his toes?" the Mock Turtle persisted.

"Pero, ¿y los dedos de los pies?" insistió la Falsa Tortuga.

62.2 "How could he turn them out with his nose, you know?"

"¿Cómo podría sacarlos con su nariz, sabes?"

63.1 "It's the first position in dancing." Alice said;

"Es la primera posición en el baile." dijo Alicia;

63.2 but was dreadfully puzzled by the whole thing,

pero estaba terriblemente desconcertada por todo el asunto,

63.3 and longed to change the subject.

y ansiaba cambiar de tema.

64.1 "Go on with the next verse," the Gryphon repeated impatiently:

"Continúa con el siguiente verso," repitió impaciente el Grifo:

64.2 "it begins 'I passed by his garden. "'

"Empieza 'Pasé por su jardín'."

Alice did not dare to disobey, though she felt sure
it would all come wrong, and she went on in a
trembling voice: — .

65.1

Alicia no se atrevió a desobedecer, aunque estaba segura de
que todo saldría mal, y prosiguió con voz temblorosa: — .

"I passed by his garden, and
marked, with one eye,

"Pasé por su jardín, y
marqué, con un ojo,

How the Owl and the
Panther were sharing a
pie — "

Cómo el Búho y la
Pantera compartían
un pastel ..."

[later editions continued as
follows

[las ediciones posteriores
continuaron como sigue

The Panther took pie-crust,
and gravy, and meat,

La Pantera se llevó
corteza de pastel, salsa y
carne,

While the Owl had the dish
as its share of the treat.

Mientras que el Búho
tenía el plato como su
parte del trato.

When the pie was all
finished, the Owl, as a boon,

Cuando todo el pastel
estuvo terminado,
el Búho, como una
bendición,

Was kindly permitted to
pocket the spoon:

se le permitió
amablemente
embolsarse la cuchara:

While the Panther received
knife and fork with a growl,

Mientras la Pantera
recibía cuchillo y
tenedor con un gruñido,

And concluded the banquet — ]

Y concluyó el banquete-]

67.1 "What is the use of repeating all that stuff,"

"¿De qué sirve repetir todo eso,"

67.2 the Mock Turtle interrupted,

interrumpió la Falsa Tortuga,

67.3 "if you don't explain it as you go on?

"si no lo explicas a medida que avanzas?

67.4 It's by far the most confusing thing I ever heard!"

Es, con mucho, lo más confuso que he oído nunca!"

68.1 "Yes, I think you'd better leave off,"

"Sí, creo que será mejor que te vayas,"

68.2 said the Gryphon: and Alice was only too glad to do so.

dijo el Grifo, y Alicia lo hizo con mucho gusto.

69.1 "Shall we try another figure of the Lobster Quadrille?"

"¿Probamos con otra figura de la Cuadrilla de la Langosta?"

69.2 the Gryphon went on.

continuó el Grifo.

69.3 "Or would you like the Mock Turtle to sing you a song?"

"¿O quieres que la Falsa Tortuga te cante una canción?"

"Oh, a song, please, if the Mock Turtle would be so kind," 70.1

"Oh, una canción, por favor, si la Falsa Tortuga es tan amable,"

Alice replied, so eagerly that the Gryphon said, in a rather offended tone, 70.2

contestó Alicia, con tanto entusiasmo que el Grifo dijo, en un tono bastante ofendido,

"Hm! No accounting for tastes! Sing her 70.3

"¡Hm! Sobre gustos no hay nada escrito! Cántale

'Turtle Soup,' will you, old fellow?" 70.4

'Sopa de Tortuga,' ¿quieres, viejo amigo?"

The Mock Turtle sighed deeply, and began, in a voice sometimes choked with sobs, to sing this: — . 71.1

La Falsa Tortuga suspiró profundamente, y comenzó, con voz a veces ahogada por los sollozos, a cantar esto: — .

"Beautiful Soup, so rich and green,

"Hermosa sopa, tan rica y verde,

Waiting in a hot tureen!

¡Esperando en una sopera caliente!

Who for such dainties would not stoop?

¿Quién no se inclinaría por tales manjares?

Soup of the evening, beautiful Soup!

La sopa de la noche, ¡una sopa preciosa!

Soup of the evening, beautiful Soup!

La sopa de la noche, ¡una sopa preciosa!

Beau — ootiful Soo — oop!

¡Beau-ootiful Soo-oop!

Beau — ootiful Soo — oop!

¡Beau-ootiful Soo-oop!

Soo — oop of the e — e — evening,

Soo-oop de la e-e-noche,

Beautiful, beautiful Soup!

¡Hermosa, hermosa Sopa!

"Beautiful Soup! Who cares for fish,

"¡Bonita sopa! A quién le importa el pescado,

Game, or any other dish?

¿Juego o cualquier otro plato?

Who would not give all else for two p

¿Quién no daría todo lo demás por dos p

ennyworth only of beautiful Soup?

¿sólo es digna de una hermosa sopa?

Pennyworth only of beautiful Soup?

¿Pennyworth sólo de la bella Sopa?

Beau — ootiful Soo — oop!

¡Beau-ootiful Soo-oop!

Beau — ootiful Soo — oop!

¡Beau-ootiful Soo-oop!

Soo — oop of the e — e — evening,

Soo-oop de la e-e-noche,

Beautiful, beauti — FUL SOUP!"

Hermosa, hermosa ¡SOPA!"

"Chorus again!"　73.1
"¡Otra vez el estribillo!"

cried the Gryphon, and the Mock Turtle had just 　73.2
begun to repeat it, when a cry of
gritó el Grifo, y la Falsa Tortuga acababa de empezar a
repetirlo, cuando se oyó a lo lejos un grito de

"The trial's beginning!" was heard in the distance. 　73.3
"¡Comienza el juicio!" .

"Come on!"　74.1
"¡Vamos!"

cried the Gryphon, and, taking Alice by the hand, it 　74.2
hurried off, without waiting for the end of the song.
gritó el Grifo, y, cogiendo a Alicia de la mano, se alejó a toda
prisa, sin esperar a que terminara la canción.

"What trial is it?" Alice panted as she ran; 　75.1
"¿Qué prueba es ésta?" Alicia jadeaba mientras corría;

but the Gryphon only answered "Come on!"　75.2
pero el Grifo sólo respondió " ¡Vamos!"

and ran the faster, while more and more faintly 　75.3
came, carried on the breeze that followed them, the
melancholy words:-
y corrió más rápido, mientras más y más débilmente
llegaban, llevadas por la brisa que los seguía, las
melancólicas palabras:-

"Soo — oop of the e — e —　"Soo — oop of the e —
evening,　e — evening,

Beautiful, beautiful Soup!"     ¡Hermosa, hermosa
Sopa!"

# CHAPTER XI. Who Stole the Tarts?

CAPÍTULO XI. ¿Quién robó las tartas?

1.1 The King and Queen of Hearts were seated on their throne when they arrived, with a great crowd assembled about them — all sorts of little birds and beasts, as well as the whole pack of cards: the Knave was standing before them, in chains, with a soldier on each side to guard him;

El Rey y la Reina de Corazones estaban sentados en su trono cuando llegaron, con una gran multitud reunida a su alrededor: toda clase de pajarillos y bestias, así como toda la baraja: el Bribón estaba de pie ante ellos, encadenado, con un soldado a cada lado para custodiarlo;

1.2 and near the King was the White Rabbit, with a trumpet in one hand, and a scroll of parchment in the other.

y cerca del Rey estaba el Conejo Blanco, con una trompeta en una mano y un rollo de pergamino en la otra.

1.3 In the very middle of the court was a table, with a large dish of tarts upon it:

En el centro de la sala había una mesa con un gran plato de tartas:

they looked so good, that it made Alice quite hungry
to look at them — "I wish they'd get the trial done,"
she thought, "and hand round the refreshments!"

1.4

tenían tan buen aspecto que a Alicia le daba hambre
sólo de mirarlas – "¡Ojalá terminaran el juicio - pensó - y
repartieran los refrescos!"

But there seemed to be no chance of this, so she
began looking at everything about her, to pass away
the time.

1.5

Pero no parecía haber ninguna posibilidad, así que se
puso a mirar todo lo que había a su alrededor para pasar el
tiempo.

Alice had never been in a court of justice before, but
she had read about them in books, and she was quite
pleased to find that she knew the name of nearly
everything there.

2.1

Alicia nunca había estado en un tribunal de justicia, pero
había leído sobre ellos en los libros, y se alegró bastante al
comprobar que conocía el nombre de casi todo lo que allí
había.

"That's the judge," she said to herself,

2.2

"Ese es el juez," se dijo,

"because of his great wig."

2.3

"por su gran peluca."

The judge, by the way, was the King;

3.1

El juez, por cierto, era el Rey;

3.2 and as he wore his crown over the wig, (look at the frontispiece if you want to see how he did it,) he did not look at all comfortable, and it was certainly not becoming.

y como llevaba su corona sobre la peluca, (mirad el frontispicio si queréis ver cómo lo hacía,) no parecía nada cómodo, y desde luego no le sentaba bien.

4.1 "And that's the jury-box," thought Alice,

"Y ésa es la caja del jurado," pensó Alicia,

4.2 "and those twelve creatures," (she was obliged to say

"y esas doce criaturas" (se veía obligada a decir

4.3 "creatures,"

"criaturas,"

4.4 you see, because some of them were animals, and some were birds,)

porque algunas de ellas eran animales y otras pájaros,)

4.5 "I suppose they are the jurors."

"supongo que son los jurados."

4.6 She said this last word two or three times over to herself, being rather proud of it: for she thought, and rightly too, that very few little girls of her age knew the meaning of it at all.

Repitió esta última palabra dos o tres veces para sus adentros, sintiéndose bastante orgullosa de ella, pues pensaba, y con razón, que muy pocas niñas de su edad conocían su significado.

4.7 However, "jury-men" would have done just as well.

Sin embargo, "jurados" habría quedado igual de bien.

The twelve jurors were all writing very busily on slates.

5.1

Los doce jurados estaban todos escribiendo muy afanosamente en pizarras.

"What are they doing?" Alice whispered to the Gryphon.

5.2

"¿Qué están haciendo?" Alice susurró al Grifo.

"They can't have anything to put down yet,

5.3

"No pueden tener nada que escribir todavía,

before the trial's begun."

5.4

antes de que empiece el juicio."

"They're putting down their names,"

6.1

"Están anotando sus nombres,"

the Gryphon whispered in reply,

6.2

susurró el Grifo en respuesta,

"for fear they should forget them before the end of the trial."

6.3

"por miedo a que se les olviden antes de que termine el juicio."

"Stupid things!"

7.1

"¡Cosas estúpidas!"

Alice began in a loud, indignant voice, but she stopped hastily, for the White Rabbit cried out,

7.2

comenzó Alicia en voz alta e indignada, pero se detuvo apresuradamente, pues el Conejo Blanco gritó,

"Silence in the court!"

7.3

"¡Silencio en la corte!"

7.4 **and the King put on his spectacles and looked anxiously round,**

y el Rey se puso las gafas y miró ansiosamente a su alrededor,

7.5 **to make out who was talking.**

para averiguar quién hablaba.

8.1 **Alice could see, as well as if she were looking over their shoulders, that all the jurors were writing down**

Alice pudo ver, como si estuviera mirando por encima de sus hombros, que todos los miembros del jurado estaban escribiendo

8.2 **"stupid things!" on their slates,**

"estupideces" en sus pizarras,

8.3 **and she could even make out that one of them didn't know how to spell**

e incluso pudo darse cuenta de que uno de ellos no sabía cómo se escribía

8.4 **"stupid,"**

"estupideces,"

8.5 **and that he had to ask his neighbour to tell him.**

y que tuvo que pedirle a su vecino que se lo dijera.

8.6 **"A nice muddle their slates'll be in before the trial's over!"**

"Menudo lío se van a armar antes de que acabe el juicio,"

8.7 **thought Alice.**

pensó Alicia.

9.1 **One of the jurors had a pencil that squeaked.**

Uno de los jurados tenía un lápiz que chirriaba.

This of course, Alice could not stand, and she went round the court and got behind him, and very soon found an opportunity of taking it away.

9.2

Alice no pudo soportarlo y, dando una vuelta por la sala, se colocó detrás de él y no tardó en encontrar la ocasión de quitárselo.

She did it so quickly that the poor little juror (it was Bill,

9.3

Lo hizo tan deprisa que el pobre jurado (era Bill,

the Lizard) could not make out at all what had become of it;

9.4

el Lagarto) no pudo averiguar qué había sido de él;

so, after hunting all about for it, he was obliged to write with one finger for the rest of the day;

9.5

así que, después de buscarlo por todas partes, se vio obligado a escribir con un dedo durante el resto del día;

and this was of very little use,

9.6

y esto sirvió de muy poco,

as it left no mark on the slate.

9.7

ya que no dejó ninguna marca en la pizarra.

"Herald, read the accusation!" said the King.

10.1

"¡Heraldo, lee la acusación!" dijo el Rey.

On this the White Rabbit blew three blasts on the trumpet, and then unrolled the parchment scroll, and read as follows:-

11.1

El Conejo Blanco dio tres toques de trompeta, desenrolló el pergamino y leyó lo siguiente:-

"The Queen of Hearts, she made some tarts,

"La Reina de Corazones," hizo unas tartas,

All on a summer day:

Todo en un día de verano:

The Knave of Hearts, he stole those tarts,

El Bribón de Corazones, robó esas tartas,

And took them quite away!"

¡Y se los llevó!"

13.1 "Consider your verdict," the King said to the jury.
"Consideren su veredicto," dijo el Rey al jurado.

14.1 "Not yet, not yet!" the Rabbit hastily interrupted.
"¡Todavía no, todavía no!" se apresuró a interrumpir el Conejo.

14.2 "There's a great deal to come before that!"
"¡Hay mucho que hacer antes de eso!"

15.1 "Call the first witness," said the King;
"Llamad al primer testigo," dijo el Rey;

15.2 and the White Rabbit blew three blasts on the trumpet, and called out,
y el Conejo Blanco tocó tres veces la trompeta y gritó,

15.3 "First witness!"
"¡Primer testigo!"

16.1 The first witness was the Hatter.
El primer testigo fue el Sombrerero.

He came in with a teacup in one hand and a piece of bread-and-butter in the other. 16.2

Entró con una taza de té en una mano y un trozo de pan con mantequilla en la otra.

"I beg pardon, your Majesty," he began, 16.3

"Le ruego me disculpe, Majestad," comenzó,

"for bringing these in: but I hadn't quite finished my tea when I was sent for." 16.4

"por traer esto, pero no había terminado mi té cuando me llamaron."

"You ought to have finished," said the King. 17.1

"Deberías haber terminado," dijo el Rey.

"When did you begin?" 17.2

"¿Cuándo empezaste?"

The Hatter looked at the March Hare, who had followed him into the court, arm-in-arm with the Dormouse. 18.1

El Sombrerero miró a la Liebre de Marzo, que le había seguido hasta el patio, del brazo con el Lirón.

"Fourteenth of March, I think it was," he said. 18.2

"Catorce de marzo, creo que fue," dijo.

"Fifteenth," said the March Hare. 19.1

"Quince," dijo la Liebre de Marzo.

"Sixteenth," added the Dormouse. 20.1

"Decimosexto," añadió el Lirón.

21.1 "Write that down,"

"Anotadlo,"

21.2 the King said to the jury, and the jury eagerly wrote down all three dates on their slates, and then added them up, and reduced the answer to shillings and pence.

dijo el Rey al jurado, y el jurado anotó con avidez las tres fechas en sus pizarras, y luego las sumó y redujo la respuesta a chelines y peniques.

22.1 "Take off your hat," the King said to the Hatter.

"Quítate el sombrero," le dijo el Rey al Sombrerero.

23.1 "It isn't mine," said the Hatter.

"No es mío," dijo el Sombrerero.

24.1 "Stolen!"

"¡Robado!"

24.2 the King exclaimed, turning to the jury, who instantly made a memorandum of the fact.

exclamó el Rey, volviéndose hacia el jurado, que al instante tomó nota del hecho.

25.1 "I keep them to sell,"

"Los guardo para venderlos,"

25.2 the Hatter added as an explanation;

añadió el Sombrerero como explicación;

25.3 "I've none of my own. I'm a hatter."

"no tengo ninguno propio. Soy sombrerero."

Here the Queen put on her spectacles, and began staring at the Hatter, who turned pale and fidgeted.   26.1

Aquí la Reina se puso las gafas y empezó a mirar fijamente al Sombrerero, que se puso pálido y se inquietó.

"Give your evidence," said the King;   27.1

"Presenta tus pruebas," dijo el Rey;

"and don't be nervous, or I'll have you executed on the spot."   27.2

"y no te pongas nervioso, o haré que te ejecuten en el acto."

This did not seem to encourage the witness at all: he kept shifting from one foot to the other, looking uneasily at the Queen, and in his confusion he bit a large piece out of his teacup instead of the bread-and-butter.   28.1

Esto no pareció animar en absoluto al testigo, que no dejaba de moverse de un pie a otro, mirando inquieto a la Reina, y en su confusión mordió un gran trozo de su taza de té en lugar del pan con mantequilla.

Just at this moment Alice felt a very curious sensation,   29.1

Justo en ese momento Alicia sintió una sensación muy curiosa,

which puzzled her a good deal until she made out what it was:   29.2

que la desconcertó bastante hasta que supo de qué se trataba:

she was beginning to grow larger again,   29.3

empezaba a agrandarse de nuevo,

29.4 **and she thought at first she would get up and leave the court;**
y al principio pensó que se levantaría y abandonaría el patio;

29.5 **but on second thoughts she decided to remain where she was as long as there was room for her.**
pero pensándolo mejor decidió quedarse donde estaba mientras hubiera sitio para ella.

30.1 **"I wish you wouldn't squeeze so." said the Dormouse,**
"Ojalá no apretaras tanto." dijo el Lirón,

30.2 **who was sitting next to her. "I can hardly breathe."**
que estaba sentado a su lado. "Apenas puedo respirar."

31.1 **"I can't help it," said Alice very meekly:**
"No puedo evitarlo," dijo Alice muy mansamente:

31.2 **"I'm growing."**
"Estoy creciendo."

32.1 **"You've no right to grow here," said the Dormouse.**
"No tienes derecho a crecer aquí," dijo el Lirón.

33.1 **"Don't talk nonsense," said Alice more boldly:**
"No digas tonterías," dijo Alicia con más descaro:

33.2 **"you know you're growing too."**
"Sabes que tú también estás creciendo."

34.1 **"Yes, but I grow at a reasonable pace," said the Dormouse:**
"Sí, pero crezco a un ritmo razonable," dijo el Lirón:

"not in that ridiculous fashion."                                34.2

"no de esa manera ridícula."

And he got up very sulkily and crossed over to the          34.3
other side of the court.

Y se levantó muy enfurruñado y cruzó al otro lado de la
pista.

All this time the Queen had never left off staring at       35.1
the Hatter, and, just as the Dormouse crossed the
court, she said to one of the officers of the court,

Durante todo este tiempo, la Reina no había dejado de
mirar al Sombrerero, y, justo cuando el Lirón cruzaba el
patio, dijo a uno de los oficiales de la corte:

"Bring me the list of the singers in the last concert!"     35.2

"¡Tráigame la lista de los cantantes del último concierto!"

on which the wretched Hatter trembled so,                   35.3

Al oír esto,

that he shook both his shoes off.                            35.4

el desdichado Sombrerero tembló tanto que se sacudió los
dos zapatos.

"Give your evidence," the King repeated angrily,            36.1

"Presenta tus pruebas," repitió enfadado el Rey,

"or I'll have you executed, whether you're nervous or       36.2
not."

"o haré que te ejecuten, estés nervioso o no."

"I'm a poor man, your Majesty,"                              37.1

"Soy un pobre hombre, Majestad,"

37.2 the Hatter began, in a trembling voice,

empezó el Sombrerero, con voz temblorosa,

37.3 " — and I hadn't begun my tea — not above a week or so — and what with the bread-and-butter getting so thin — and the twinkling of the tea — "

"-y no había empezado mi té-no más de una semana o así-y con lo que el pan y la mantequilla se están poniendo tan finos-y el parpadeo del té-"

38.1 "The twinkling of the what?" said the King.

"¿En un abrir y cerrar de ojos?" dijo el Rey.

39.1 "It began with the tea," the Hatter replied.

"Empezó con el té," respondió el Sombrerero.

40.1 "Of course twinkling begins with a T!" said the King sharply.

"¡Claro que parpadear empieza por T!" dijo bruscamente el Rey.

40.2 "Do you take me for a dunce? Go on!"

"¿Me tomas por tonto? Continúa!"

41.1 "I'm a poor man," the Hatter went on,

"Soy un hombre pobre," continuó el Sombrerero,

41.2 "and most things twinkled after that — only the March Hare said — "

"y la mayoría de las cosas parpadearon después de eso - sólo la Liebre de Marzo dijo-"

"I didn't!" the March Hare interrupted in a great hurry.

42.1

"¡No lo hice!" interrumpió la Liebre de Marzo con gran apuro.

"You did!" said the Hatter.

43.1

"¡Lo hiciste!" dijo el Sombrerero.

"I deny it!" said the March Hare.

44.1

"¡Lo niego!" dijo la Liebre de Marzo.

"He denies it," said the King: "leave out that part."

45.1

"Lo niega," dijo el Rey: "omite esa parte."

"Well, at any rate, the Dormouse said — "

46.1

"Bueno, en cualquier caso, el Lirón dijo — "

the Hatter went on,

46.2

continuó el Sombrerero,

looking anxiously round to see if he would deny it too:

46.3

mirando ansiosamente a su alrededor para ver si lo negaba también:

but the Dormouse denied nothing, being fast asleep.

46.4

pero el Lirón no negó nada, pues estaba profundamente dormido.

"After that," continued the Hatter,

47.1

"Después de eso," continuó el Sombrerero,

"I cut some more bread-and- butter — "

47.2

"corté un poco más de pan con mantequilla ..."

48.1 "But what did the Dormouse say?"
"¿Pero qué dijo el Lirón?"

48.2 one of the jury asked.
preguntó uno de los miembros del jurado.

49.1 "That I can't remember," said the Hatter.
"Eso no lo recuerdo," dijo el Sombrerero.

50.1 "You must remember," remarked the King,
"Debes recordarlo," comentó el Rey,

50.2 "or I'll have you executed."
"o haré que te ejecuten."

51.1 The miserable Hatter dropped his teacup and bread-and-butter,
El miserable Sombrerero dejó caer la taza de té y el pan con mantequilla,

51.2 and went down on one knee.
y se arrodilló.

51.3 "I'm a poor man, your Majesty," he began.
"Soy un pobre hombre, Majestad - comenzó-.

52.1 "You're a very poor speaker," said the King.
"Eres un orador muy pobre," dijo el Rey.

53.1 Here one of the guinea-pigs cheered,
En ese momento,

and was immediately suppressed by the officers of the court. 53.2

uno de los conejillos de Indias se puso a gritar y fue inmediatamente reprimido por los oficiales de la corte.

(As that is rather a hard word, 53.3

(Como es una palabra bastante dura,

I will just explain to you how it was done. 53.4

me limitaré a explicaros cómo se hizo.

They had a large canvas bag, 53.5

Tenían una gran bolsa de lona,

which tied up at the mouth with strings: 53.6

que ataban por la boca con cuerdas:

into this they slipped the guinea-pig, head first, and then sat upon it.) 53.7

en ella deslizaban al conejillo de Indias, con la cabeza por delante, y luego se sentaban sobre él.)

"I'm glad I've seen that done," thought Alice. 54.1

"Me alegro de haber visto hacer eso," pensó Alicia.

"I've so often read in the newspapers, at the end of trials, 54.2

"He leído tantas veces en los periódicos, al final de los juicios:

"There was some attempts at applause, which was immediately suppressed by the officers of the court," 54.3

"Hubo algunos intentos de aplausos, que fueron inmediatamente reprimidos por los oficiales del tribunal,"

54.4 **and I never understood what it meant till now."**
y nunca había entendido lo que significaba hasta ahora."

55.1 **"If that's all you know about it, you may stand down,"**
"Si eso es todo lo que sabes al respecto, puedes retirarte,"

55.2 **continued the King.**
continuó el Rey.

56.1 **"I can't go no lower," said the Hatter:**
"No puedo bajar más," dijo el Sombrerero:

56.2 **"I'm on the floor, as it is."**
"Ya estoy en el suelo."

57.1 **"Then you may sit down," the King replied.**
"Entonces puedes sentarte," respondió el Rey.

58.1 **Here the other guinea-pig cheered, and was suppressed.**
Aquí la otra cobaya se animó, y fue reprimida.

59.1 **"Come, that finished the guinea-pigs!" thought Alice.**
"¡Venga, se acabaron las cobayas!" pensó Alicia.

59.2 **"Now we shall get on better."**
"Ahora nos irá mejor."

60.1 **"I'd rather finish my tea,"**
"Prefiero terminar mi té,"

said the Hatter, with an anxious look at the Queen, who was reading the list of singers.

60.2

dijo el Sombrerero, con una mirada ansiosa a la Reina, que estaba leyendo la lista de cantantes.

"You may go,"

61.1

"Puedes irte,"

said the King, and the Hatter hurriedly left the court, without even waiting to put his shoes on.

61.2

dijo el Rey, y el Sombrerero abandonó apresuradamente la corte, sin esperar siquiera a ponerse los zapatos.

" — and just take his head off outside,"

62.1

" — y sacarle la cabeza fuera,"

the Queen added to one of the officers:

62.2

añadió la Reina a uno de los oficiales:

but the Hatter was out of sight before the officer could get to the door.

62.3

pero el Sombrerero se perdió de vista antes de que el oficial pudiera llegar a la puerta.

"Call the next witness!" said the King.

63.1

"¡Llama al siguiente testigo!" dijo el Rey.

The next witness was the Duchess's cook.

64.1

La siguiente testigo fue la cocinera de la duquesa.

64.2 She carried the pepper-box in her hand, and Alice guessed who it was, even before she got into the court, by the way the people near the door began sneezing all at once.

Llevaba el pimentero en la mano, y Alicia adivinó de quién se trataba, incluso antes de entrar en la sala, por la forma en que la gente que estaba cerca de la puerta empezó a estornudar a la vez.

65.1 "Give your evidence," said the King.

"Presenta tus pruebas," dijo el Rey.

66.1 "Shan't," said the cook.

"No," dijo el cocinero.

67.1 The King looked anxiously at the White Rabbit, who said in a low voice,

El Rey miró ansioso al Conejo Blanco, que dijo en voz baja,

67.2 "Your Majesty must cross-examine this witness."

"Su Majestad debe interrogar a este testigo."

68.1 "Well, if I must, I must,"

"Bueno, si debo hacerlo, debo hacerlo,"

68.2 the King said, with a melancholy air, and, after folding his arms and frowning at the cook till his eyes were nearly out of sight, he said in a deep voice,

dijo el Rey, con aire melancólico, y, tras cruzarse de brazos y mirar con el ceño fruncido al cocinero hasta casi perderle de vista, dijo con voz grave,

68.3 "What are tarts made of?"

"¿De qué están hechas las tartas?"

"Pepper, mostly," said the cook.                              69.1

"Pimienta, sobre todo," dijo el cocinero.


"Treacle," said a sleepy voice behind her.                   70.1

"Treacle," dijo una voz somnolienta detrás de ella.


"Collar that Dormouse," the Queen shrieked out.              71.1

"Collar que Dormouse," gritó la Reina.

"Behead that Dormouse! Turn that Dormouse out of             71.2
court!

"¡Decapiten a ese Lirón! ¡Saquen a ese Lirón de la corte!

Suppress him! Pinch him! Off with his whiskers!"             71.3

¡Suprimidlo! ¡Pellízquenlo! ¡Córtenle los bigotes!"


For some minutes the whole court was in confusion,           72.1
getting the Dormouse turned out, and, by the
time they had settled down again, the cook had
disappeared.

Durante algunos minutos toda la corte estuvo confusa,
sacando al Lirón, y, para cuando se hubieron calmado de
nuevo, el cocinero había desaparecido.


"Never mind!" said the King, with an air of great            73.1
relief.

"¡No importa!" dijo el Rey, con aire de gran alivio.

"Call the next witness."                                     73.2

"Llama al siguiente testigo."

And he added in an undertone to the Queen,                   73.3

Y añadió en voz baja a la Reina:

73.4 "Really, my dear, you must cross-examine the next witness.
"De verdad, querida, debes interrogar al siguiente testigo.

73.5 It quite makes my forehead ache!"
Hace que me duela la frente!"

74.1 Alice watched the White Rabbit as he fumbled over the list, feeling very curious to see what the next witness would be like,
Alicia observó al Conejo Blanco mientras tanteaba la lista, sintiendo gran curiosidad por ver cómo sería el siguiente testigo,

74.2 " — for they haven't got much evidence yet, "
" — pues aún no tienen muchas pruebas, "

74.3 she said to herself.
se dijo.

74.4 Imagine her surprise, when the White Rabbit read out, at the top of his shrill little voice, the name
Imagínese su sorpresa cuando el Conejo Blanco leyó en voz alta, con su vocecita chillona, el nombre de

74.5 "Alice!"
"Alicia!"

# CHAPTER XII. Alice's Evidence

CAPÍTULO XII. Las pruebas de Alice

1.1 **"Here!"**

"¡Aquí!"

1.2 **cried Alice, quite forgetting in the flurry of the moment how large she had grown in the last few minutes, and she jumped up in such a hurry that she tipped over the jury-box with the edge of her skirt, upsetting all the jurymen on to the heads of the crowd below, and there they lay sprawling about, reminding her very much of a globe of goldfish she had accidentally upset the week before.**

gritó Alice, olvidando en el ajetreo del momento lo grande que había crecido en los últimos minutos, y saltó con tanta prisa que volcó la caja del jurado con el borde de su falda, volcando a todos los miembros del jurado sobre las cabezas de la multitud de abajo, y allí yacían desparramados, recordándole mucho a un globo de peces de colores que había volcado accidentalmente la semana anterior.

2.1 **"Oh, I beg your pardon!"**

"¡Oh, perdón!"

she exclaimed in a tone of great dismay, and began  2.2
picking them up again as quickly as she could, for
the accident of the goldfish kept running in her head,
and she had a vague sort of idea that they must be
collected at once and put back into the jury-box, or
they would die.

exclamó en un tono de gran consternación, y empezó
a recogerlos de nuevo tan rápido como pudo, pues el
accidente de los peces de colores no dejaba de darle vueltas
en la cabeza, y tenía la vaga idea de que debían ser recogidos
de inmediato y devueltos a la caja del jurado, o morirían.

"The trial cannot proceed," said the King in a very  3.1
grave voice, "until all the jurymen are back in
their proper places — all," he repeated with great
emphasis, looking hard at Alice as he said so.

"El juicio no puede proseguir - dijo el rey con voz muy grave
- hasta que todos los miembros del jurado vuelvan a ocupar
sus puestos ...todos - repitió con gran énfasis, mirando
fijamente a Alicia mientras lo decía-.

Alice looked at the jury-box, and saw that, in her  4.1
haste, she had put the Lizard in head downwards,
and the poor little thing was waving its tail about in a
melancholy way, being quite unable to move.

Alicia miró la caja del jurado y vio que, con las prisas, había
metido el lagarto con la cabeza hacia abajo, y la pobre
criatura agitaba la cola melancólicamente, incapaz de
moverse.

She soon got it out again, and put it right;  4.2

Pronto lo sacó de nuevo y lo puso en su sitio;

"not that it signifies much," she said to herself;  4.3

"no es que signifique mucho," se dijo a sí misma;

4.4 "I should think it would be quite as much use in the trial one way up as the other."

"creo que sería tan útil en el juicio de una forma como de la otra."

5.1 As soon as the jury had a little recovered from the shock of being upset, and their slates and pencils had been found and handed back to them, they set to work very diligently to write out a history of the accident, all except the Lizard, who seemed too much overcome to do anything but sit with its mouth open, gazing up into the roof of the court.

En cuanto los miembros del jurado se recuperaron un poco de la conmoción, encontraron sus pizarras y lápices y se los devolvieron, se pusieron a trabajar muy diligentemente para escribir la historia del accidente, excepto el Lagarto, que parecía demasiado abrumado para hacer otra cosa que sentarse con la boca abierta, mirando hacia el techo del tribunal.

6.1 "What do you know about this business?" the King said to Alice.

"¿Qué sabes tú de este asunto?" le dijo el Rey a Alicia.

7.1 "Nothing," said Alice.

"Nada," dijo Alice.

8.1 "Nothing whatever?" persisted the King.

"¿Nada en absoluto?" insistió el Rey.

9.1 "Nothing whatever," said Alice.

"Nada en absoluto," dijo Alice.

"That's very important," the King said, 10.1
"Eso es muy importante," dijo el Rey,

turning to the jury. 10.2
volviéndose hacia el jurado.

They were just beginning to write this down on their 10.3
slates,
Estaban empezando a anotarlo en sus pizarras,

when the White Rabbit interrupted: 10.4
cuando el Conejo Blanco interrumpió:

"Unimportant, your Majesty means, of course," 10.5
"Sin importancia, quiere decir Su Majestad, por supuesto,"

he said in a very respectful tone, 10.6
dijo en tono muy respetuoso,

but frowning and making faces at him as he spoke. 10.7
pero frunciendo el ceño y haciéndole muecas mientras
hablaba.

"Unimportant, of course, I meant," 11.1
"Sin importancia, por supuesto, quise decir,"

the King hastily said, and went on to himself in an 11.2
undertone,
se apresuró a decir el Rey, y prosiguió para sí en voz baja,

"important — unimportant — unimportant — 12.1
important — "
"importante — importante — importante —
importante — "

12.2 **as if he were trying which word sounded best.**
como si estuviera probando qué palabra sonaba mejor.

13.1 **Some of the jury wrote it down "important," and some**
Algunos del jurado lo anotaron como "importante" y otros como

13.2 **"unimportant." Alice could see this,**
"sin importancia." Alice pudo comprobarlo,

13.3 **as she was near enough to look over their slates;**
ya que estaba lo bastante cerca como para mirar por encima de sus pizarras;

13.4 **"but it doesn't matter a bit," she thought to herself.**
"pero no importa lo más mínimo," pensó para sí.

14.1 **At this moment the King, who had been for some time busily writing in his note-book, cackled out**
En ese momento, el Rey, que había estado durante algún tiempo escribiendo afanosamente en su cuaderno, gritó

14.2 **"Silence!" and read out from his book, "Rule Forty-two.**
"¡Silencio!" y leyó en su libro: "Regla Cuarenta y dos.

14.3 **All persons more than a mile high to leave the court."**
Todas las personas de más de una milla de altura deben abandonar la corte."

15.1 **Everybody looked at Alice.**
Todos miraron a Alice.

"I'm not a mile high," said Alice.  16.1
"No tengo ni una milla de altura," dijo Alice.

"You are," said the King.  17.1
"Lo eres," dijo el Rey.

"Nearly two miles high," added the Queen.  18.1
"Casi tres kilómetros de altura," añadió la Reina.

"Well, I shan't go, at any rate," said Alice: "besides,  19.1
"Bueno, en todo caso no iré," dijo Alicia: "además,

that's not a regular rule: you invented it just now."  19.2
esa no es una regla regular: te la acabas de inventar."

"It's the oldest rule in the book," said the King.  20.1
"Es la regla más antigua del libro," dijo el Rey.

"Then it ought to be Number One," said Alice.  21.1
"Entonces debería ser el número uno," dijo Alice.

The King turned pale, and shut his note-book hastily.  22.1
El rey se puso pálido y cerró precipitadamente su cuaderno
de notas.

"Consider your verdict,"  22.2
"Considerad vuestro veredicto,"

he said to the jury, in a low, trembling voice.  22.3
dijo al jurado en voz baja y temblorosa.

23.1 "There's more evidence to come yet, please your Majesty,"
"Todavía faltan más pruebas, por favor, Majestad,"

23.2 said the White Rabbit, jumping up in a great hurry;
dijo el Conejo Blanco, saltando a toda prisa;

23.3 "this paper has just been picked up."
"este periódico acaba de ser recogido."

24.1 "What's in it?" said the Queen.
"¿Qué contiene?" dijo la Reina.

25.1 "I haven't opened it yet," said the White Rabbit,
"Todavía no la he abierto," dijo el Conejo Blanco,

25.2 "but it seems to be a letter,
"pero parece ser una carta,

25.3 written by the prisoner to — to somebody."
escrita por el prisionero para — para alguien."

26.1 "It must have been that," said the King,
"Debió de ser eso," dijo el Rey,

26.2 "unless it was written to nobody, which isn't usual, you know."
"a menos que no se escribiera a nadie, lo que no es habitual, ya sabes."

27.1 "Who is it directed to?" said one of the jurymen.
"¿A quién va dirigido?" dijo uno de los miembros del jurado.

"It isn't directed at all," said the White Rabbit; 28.1
"No va dirigida en absoluto," dijo el Conejo Blanco;

"in fact, there's nothing written on the outside." 28.2
"de hecho, no hay nada escrito en el exterior."

He unfolded the paper as he spoke, and added 28.3
Desdobló el papel mientras hablaba, y añadió:

"It isn't a letter, after all: it's a set of verses." 28.4
"Después de todo, no es una carta: es un conjunto de
versos."

"Are they in the prisoner's handwriting?" 29.1
"¿Son de puño y letra del preso?"

asked another of the jurymen. 29.2
preguntó otro de los miembros del jurado.

"No, they're not," said the White Rabbit, 30.1
"No, no lo son," dijo el Conejo Blanco,

"and that's the queerest thing about it." 30.2
"y eso es lo más extraño de todo."

(The jury all looked puzzled.) 30.3
(Todos los miembros del jurado pusieron cara de
perplejidad.)

"He must have imitated somebody else's hand," said 31.1
the King.
"Habrá imitado la mano de otro," dijo el Rey.

(The jury all brightened up again.) 31.2
(El jurado volvió a animarse.)

32.1 "Please your Majesty," said the Knave, "I didn't write it,

"Por favor, Majestad," dijo el Bribón, "yo no lo escribí,

32.2 and they can't prove I did:

y no pueden probar que lo hice:

32.3 there's no name signed at the end."

no hay ningún nombre firmado al final."

33.1 "If you didn't sign it," said the King,

"Si no lo firmaste," dijo el Rey,

33.2 "that only makes the matter worse.

"eso sólo empeora el asunto.

33.3 You must have meant some mischief,

Debes haber querido hacer alguna travesura,

33.4 or else you'd have signed your name like an honest man."

o de lo contrario habrías firmado con tu nombre como un hombre honesto."

34.1 There was a general clapping of hands at this:

Hubo un aplauso general:

34.2 it was the first really clever thing the King had said that day.

era la primera cosa realmente inteligente que el Rey había dicho ese día.

35.1 "That proves his guilt," said the Queen.

"Eso prueba su culpabilidad," dijo la Reina.

"It proves nothing of the sort!" said Alice. "Why,    36.1
"¡No prueba nada de eso!" dijo Alice. "¡Vaya,

you don't even know what they're about!"    36.2
ni siquiera sabes de qué van!"

"Read them," said the King.    37.1
"Léelas," dijo el Rey.

The White Rabbit put on his spectacles.    38.1
El Conejo Blanco se puso las gafas.

"Where shall I begin, please your Majesty?" he asked.    38.2
"¿Por dónde empiezo, Majestad?" preguntó.

"Begin at the beginning," the King said gravely,    39.1
"Empieza por el principio," dijo el Rey con gravedad,

"and go on till you come to the end: then stop."    39.2
"y sigue hasta que llegues al final: entonces detente."

These were the verses the White Rabbit read:-    40.1
Estos fueron los versos que leyó el Conejo Blanco:-

"They told me you had been to her,       "Me dijeron que habías estado con ella,

And mentioned me to him:       Y me mencionó con él:

She gave me a good character,       Me dio un buen carácter,

But said I could not swim.       Pero dijo que no sabía nadar.

| | |
|---|---|
| He sent them word I had not gone | Les hizo saber que no me había ido |
| (We know it to be true): | (Sabemos que es cierto): |
| If she should push the matter on, | Si debe insistir en el asunto, |
| What would become of you? | ¿Qué sería de ti? |
| I gave her one, they gave him two, | A ella le di uno, a él le dieron dos, |
| You gave us three or more; | Nos diste tres o más; |
| They all returned from him to you, | Todos regresaron de él a ti, |
| Though they were mine before. | Aunque antes eran míos. |
| If I or she should chance to be | Si yo o ella por casualidad |
| Involved in this affair, | Involucrado en este asunto, |
| He trusts to you to set them free, | Confía en ti para liberarlos, |
| Exactly as we were. | Exactamente como éramos. |
| My notion was that you had been | Mi idea era que habías estado |

(Before she had this fit)

(Antes de que le diera este ataque)

An obstacle that came between

Un obstáculo que se interpuso

Him, and ourselves, and it.

Él, y nosotros, y eso.

Don't let him know she liked them best,

Que no sepa que le gustaban más,

For this must ever be

Porque esto debe ser siempre

A secret, kept from all the rest,

Un secreto, ocultado a todos los demás,

Between yourself and me."

Entre tú y yo. "

"That's the most important piece of evidence we've heard yet," 42.1

"Esa es la prueba más importante que hemos escuchado hasta ahora,"

said the King, rubbing his hands; 42.2

dijo el Rey frotándose las manos;

"so now let the jury — " 42.3

"así que ahora dejemos que el jurado — "

"If any one of them can explain it," 43.1

"Si alguno de ellos puede explicarlo,"

43.2 said Alice, (she had grown so large in the last few
minutes that she wasn't a bit afraid of interrupting
him,)

dijo Alicia, (había crecido tanto en los últimos minutos que
no temía interrumpirle,)

43.3 "I'll give him sixpence.

"le daré seis peniques.

43.4 I don't believe there's an atom of meaning in it."

No creo que tenga ni un átomo de sentido."

44.1 The jury all wrote down on their slates,

Todos los miembros del jurado escribieron en sus pizarras:

44.2 "She doesn't believe there's an atom of meaning in
it,"

"No cree que haya ni un átomo de significado en él,"

44.3 but none of them attempted to explain the paper.

pero ninguno de ellos intentó explicar el papel.

45.1 "If there's no meaning in it," said the King, "that
saves a world of trouble, you know, as we needn't try
to find any.

"Si no tiene sentido - dijo el Rey-, eso nos ahorra un mundo
de problemas, ya sabes, pues no necesitamos tratar de
encontrarlo.

45.2 And yet I don't know," he went on, spreading out the
verses on his knee, and looking at them with one eye;
"I seem to see some meaning in them, after all.

Y sin embargo, no sé - continuó, extendiendo los versos
sobre las rodillas y mirándolos con un ojo-, me parece que
les veo algún sentido, después de todo.

" — said I could not swim — " you can't swim, can you?"

45.3

" — Dijo que no sabía nadar — " Tú no sabes nadar, ¿verdad?"

he added, turning to the Knave.

45.4

añadió, volviéndose hacia el Bribón.

The Knave shook his head sadly.

46.1

El Bribón sacudió la cabeza con tristeza.

"Do I look like it?" he said. (Which he certainly did not,

46.2

"¿Acaso lo parezco?" dijo. (Lo cual no era cierto,

being made entirely of cardboard.)

46.3

ya que estaba hecho de cartón.)

"All right, so far," said the King,

47.1

"Muy bien, hasta aquí," dijo el Rey,

and he went on muttering over the verses to himself:

47.2

y siguió murmurando los versos para sí:

"'We know it to be true — ' that's the jury, of course — 'I gave her one, they gave him two — ' why, that must be what he did with the tarts, you know — "

47.3

"'Sabemos que es verdad,' ese es el jurado, por supuesto, 'Yo le di una, ellos le dieron dos,' por qué, eso debe ser lo que hizo con las tartas, ya sabes ..."

"But, it goes on 'they all returned from him to you, "'

48.1

"Pero, sigue 'todos volvieron de él a ti, "'

48.2 said Alice.
dijo Alice.

49.1 "Why, there they are!" said the King triumphantly,
"¡Vaya, ahí están!" dijo el Rey triunfalmente,

49.2 pointing to the tarts on the table.
señalando las tartas sobre la mesa.

49.3 "Nothing can be clearer than that.
"Nada puede ser más claro que eso.

49.4 Then again — 'before she had this fit — ' you never
had fits, my dear, I think?"
Por otra parte, "antes de que le diera este ataque ...," tú
nunca has tenido ataques, querida, creo?"

49.5 he said to the Queen.
le dijo a la Reina.

50.1 "Never!" said the Queen furiously,
"¡Nunca!" dijo furiosa la Reina,

50.2 throwing an inkstand at the Lizard as she spoke.
arrojando un tintero al Lagarto mientras hablaba.

50.3 (The unfortunate little Bill had left off writing on his
slate with one finger,
(El desdichado Bill había dejado de escribir en su pizarra
con un dedo,

50.4 as he found it made no mark;
pues se dio cuenta de que no hacía marca;

but he now hastily began again, using the ink, that was trickling down his face, as long as it lasted.) 50.5

pero ahora empezó de nuevo apresuradamente, usando la tinta, que le chorreaba por la cara, mientras le duraba.)

"Then the words don't fit you," said the King, 51.1

"Entonces las palabras no te convienen," dijo el Rey,

looking round the court with a smile. 51.2

mirando a la corte con una sonrisa.

There was a dead silence. 51.3

Se hizo un silencio sepulcral.

"It's a pun!" 52.1

"¡Es un juego de palabras!"

the King added in an offended tone, and everybody laughed, 52.2

añadió el Rey en tono ofendido, y todo el mundo se echó a reír,

"Let the jury consider their verdict," the King said, 52.3

"Dejemos que el jurado considere su veredicto," dijo el Rey,

for about the twentieth time that day. 52.4

por vigésima vez aquel día.

"No, no!" said the Queen. 53.1

"¡No, no!" dijo la Reina.

"Sentence first — verdict afterwards." 53.2

"Sentencia primero, veredicto después."

54.1 "Stuff and nonsense!" said Alice loudly.
"¡Tonterías!" dijo Alice en voz alta.

54.2 "The idea of having the sentence first!"
"¡La idea de tener la sentencia primero!"

55.1 "Hold your tongue!" said the Queen, turning purple.
"¡Cállate!" dijo la Reina, poniéndose morada.

56.1 "I won't!" said Alice.
"¡No lo haré!" dijo Alice.

57.1 "Off with her head!"
"¡Que le corten la cabeza!"

57.2 the Queen shouted at the top of her voice. Nobody moved.
gritó la Reina con todas sus fuerzas. Nadie se movió.

58.1 "Who cares for you?" said Alice,
"¿A quién le importas?" dijo Alicia,

58.2 (she had grown to her full size by this time.)
(para entonces ya había alcanzado su tamaño natural.)

58.3 "You're nothing but a pack of cards!"
"¡No eres más que una baraja de cartas!"

At this the whole pack rose up into the air, and came    59.1
flying down upon her: she gave a little scream, half
of fright and half of anger, and tried to beat them off,
and found herself lying on the bank, with her head in
the lap of her sister, who was gently brushing away
some dead leaves that had fluttered down from the
trees upon her face.

Al oír esto, toda la manada se elevó en el aire y voló sobre
ella; ella lanzó un pequeño grito, mitad de miedo y mitad
de rabia, y trató de apartarlos, encontrándose tumbada
en la orilla, con la cabeza en el regazo de su hermana, que
le quitaba suavemente algunas hojas muertas que habían
caído de los árboles sobre su cara.

"Wake up, Alice dear!" said her sister; "Why,    60.1

"¡Despierta, Alice querida!" dijo su hermana; "¡Vaya,

what a long sleep you've had!"    60.2

qué largo sueño has tenido!"

"Oh, I've had such a curious dream!"    61.1

"He tenido un sueño muy curioso!"

said Alice, and she told her sister, as well as she could    61.2
remember them, all these strange Adventures of hers
that you have just been reading about;

dijo Alicia, y le contó a su hermana, tan bien como podía
recordarlo, todas esas extrañas aventuras suyas que acabáis
de leer;

and when she had finished, her sister kissed her, and    61.3
said, "It was a curious dream, dear, certainly:

y cuando hubo terminado, su hermana la besó y le dijo:

but now run in to your tea;    61.4

"Ha sido un sueño curioso, querida, desde luego;

61.5 it's getting late."

pero ahora vete a tomar el té, que se hace tarde."

61.6 So Alice got up and ran off, thinking while she ran, as well she might, what a wonderful dream it had been.

Alicia se levantó y echó a correr, pensando en lo maravilloso que había sido el sueño.

---

63.1 But her sister sat still just as she left her, leaning her head on her hand, watching the setting sun, and thinking of little Alice and all her wonderful Adventures, till she too began dreaming after a fashion, and this was her dream: — .

Pero su hermana seguía sentada tal como la había dejado, apoyando la cabeza en la mano, mirando el sol poniente y pensando en la pequeña Alicia y en todas sus maravillosas aventuras, hasta que ella también empezó a soñar de algún modo, y éste fue su sueño: — .

64.1 First, she dreamed of little Alice herself,

En primer lugar, soñó con la propia Alicia,

64.2 and once again the tiny hands were clasped upon her knee,

y una vez más las pequeñas manos se estrechaban sobre su rodilla,

64.3 and the bright eager eyes were looking up into hers — she could hear the very tones of her voice,

y los ojos brillantes y ansiosos la miraban; podía oír los tonos mismos de su voz,

and see that queer little toss of her head to keep back 64.4
the wandering hair that would always get into her
eyes — and still as she listened,

y ver ese extraño movimiento de su cabeza para contener
el cabello errante que siempre se le metía en los ojos; y
mientras escuchaba,

or seemed to listen, 64.5

o parecía escuchar,

the whole place around her became alive with the 64.6
strange creatures of her little sister's dream.

todo el lugar a su alrededor se llenaba de vida con las
extrañas criaturas del sueño de su hermanita.

65.1 The long grass rustled at her feet as the White Rabbit hurried by — the frightened Mouse splashed his way through the neighbouring pool — she could hear the rattle of the teacups as the March Hare and his friends shared their never-ending meal, and the shrill voice of the Queen ordering off her unfortunate guests to execution — once more the pig-baby was sneezing on the Duchess's knee, while plates and dishes crashed around it — once more the shriek of the Gryphon, the squeaking of the Lizard's slate-pencil, and the choking of the suppressed guinea-pigs, filled the air, mixed up with the distant sobs of the miserable Mock Turtle.

La larga hierba crujía a sus pies cuando el Conejo Blanco pasaba a toda prisa; el asustado Ratón chapoteaba en el estanque vecino; podía oír el traqueteo de las tazas de té cuando la Liebre de Marzo y sus amigos compartían su interminable comida, y la estridente voz de la Reina ordenando la ejecución de sus desafortunados invitados; una vez más, el cerdito estornudaba sobre las rodillas de la Duquesa, mientras platos y vajilla chocaban a su alrededor, Una vez más, el chillido del Grifo, el chirrido del lápiz de pizarra del Lagarto y el ahogo de los conejillos de Indias reprimidos llenaban el aire, mezclados con los sollozos lejanos de la miserable Falsa Tortuga.

So she sat on, with closed eyes, and half believed 66.1
herself in Wonderland, though she knew she had
but to open them again, and all would change to
dull reality — the grass would be only rustling in
the wind, and the pool rippling to the waving of the
reeds — the rattling teacups would change to tinkling
sheep-bells, and the Queen's shrill cries to the voice
of the shepherd boy — and the sneeze of the baby,
the shriek of the Gryphon, and all the other queer
noises, would change (she knew) to the confused
clamour of the busy farm-yard — while the lowing of
the cattle in the distance would take the place of the
Mock Turtle's heavy sobs.

Así que siguió sentada, con los ojos cerrados, y medio
creyéndose en el País de las Maravillas, aunque sabía que
sólo tenía que abrirlos de nuevo, y todo cambiaría a la
aburrida realidad: la hierba sólo sería un susurro al viento,
y el estanque ondulante se convertiría en el ondear de
los juncos; el traqueteo de las tazas de té cambiaría por el
tintineo de las campanas de las ovejas, El estornudo del
bebé, el chillido del grifo y todos los demás ruidos extraños
se convertirían (ella lo sabía) en el confuso clamor del
ajetreado patio de la granja, mientras que el mugido del
ganado a lo lejos sustituiría a los pesados sollozos de la Falsa
Tortuga.

Lastly, 67.1

Por último,

she pictured to herself how this same little sister of 67.2
hers would,

se imaginaba que aquella misma hermanita sería,

in the after-time, 67.3

al cabo del tiempo,

67.4 **be herself a grown woman; and how she would keep,**
una mujer adulta,

67.5 **through all her riper years,**
y que conservaría,

67.6 **the simple and loving heart of her childhood: and how she would gather about her other little children,**
a través de los años,

67.7 **and make their eyes bright and eager with many a strange tale,**
el corazón sencillo y cariñoso de su niñez; y que reuniría a sus otros hijitos,

67.8 **perhaps even with the dream of Wonderland of long ago: and how she would feel with all their simple sorrows,**
y haría que sus ojos brillaran y se llenaran de entusiasmo con muchos cuentos extraños,

67.9 **and find a pleasure in all their simple joys,**
tal vez incluso con el sueño del País de las Maravillas de antaño; y que sentiría todas sus sencillas penas,

67.10 **remembering her own child-life,**
y encontraría placer en todas sus sencillas alegrías,

67.11 **and the happy summer days.**
recordando su propia vida de niña y los felices días de verano.

68.1 **THE END**
EL FIN

# Möwenstein Books

www.mowenstein.com

## Renowned Authors

H. G. Wells  ·  Ernest Hemingway
H. P. Lovecraft  ·  Lewis Carroll
Franz Kafka  ·  Friedrich Nietzsche
Albert Einstein  ·  Oscar Wilde
Hans Christian Andersen

## Notable Works

*Frankenstein*  ·  *Alice in Wonderland*
*Heart of Darkness*  ·  *The Great Gatsby*
*Siddhartha*  ·  *The Metamorphosis*
*Thus Spoke Zarathustra*

## Translation Services

We offer translation services in various languages, including German, Spanish, Chinese, Korean, Arabic, and more. For custom translations or revisions, please contact us at:

**Email:** translation@mowenstein.com

# Our Collections

### Franz Kafka Collection

- *The Metamorphosis / Die Verwandlung*
- *The Trial / Der Prozess*
- *The Castle / Das Schloss*
- *and many more...*

### Pakt mit dem Teufel

- *Faust Parts I & II by Johann Wolfgang von Goethe*
- *Doctor Faustus by Christopher Marlowe*

### Portraits of Irishmen

- *The Picture of Dorian Gray by Oscar Wilde*
- *A Portrait of the Artist as a Young Man by James Joyce*

### Children's Classics

- *Winnie-the-Pooh / Pu der Bär*
- *Brothers Grimm Fairy Tales*
- *Fairy Tales Told for Children*
    - Author: Hans Christian Andersen

## Visit Us

At Möwenstein Books, we are committed to providing high-quality bilingual editions of classic works. Explore our collections and discover more titles across various genres and languages.

**Website:** www.mowenstein.com